空き家のコタエ

資産を活かす新しい投資術

株式会社ジェクトワン代表取締役
大河幹男

ビジネス社

はじめに

あなたは「空き家」と聞いてどのような情景を想像しますか。ボロボロで荒れ果てた古い民家といったところでしょうか。

では、このようなお宅は身近にありませんか。

閑静な住宅街に佇《たたず》む普通の一軒家。昔住んでいたご年配の方はいなくなり、家族の方などが年に数回荷物を運んだりしている。ただ、よく見ると、庭の草木は生い茂り、窓の一部が破損している……。

こうしたお宅も「空き家」なのです。

「空家等対策特別措置法」の改正案では、従来の倒壊の恐れやゴミの不法投棄などが認められる「**特定空き家**」に加え、窓割れや雑草が生い茂っているなど管理が不十分な空き家も「**管理不全空き家**」と認定されて行政の指導・勧告、固定資産税の優遇措置の解除の対象になる可能性も出てきました。

そして、地域団体やＮＰＯ法人、不動産業者などを「空家等管理活用支援法人」に指定し、空き家の所有者・相続者に対して有効活用の情報を提供させるという、画期的な案も盛り込まれています。こうした空き家に対する環境の変化に合わせ、われわれ不動産業者も今こそより一層、積極的に社会貢献する時期が来たと、私は考えています。

詳細は本文で触れていきますが、昨今、日本全国で空き家が増加し、国土交通省発表の「空き家対策の現状について」によると、２０１８年時点で約３５０万戸（「住宅・土地統計調査」［総務省］における賃貸・売却用等以外の「その他」の空き家数）もの住居目的でない空き家が存在するとされています。20年前に比べて１・９倍、２０３０年には約４７０万戸になると推計されています。そのなかで「空き家」と聞いて想像するような、老朽化が進んだ空き家はそう多くはありません。まだ十分に居住することができる状態であっても、相続された方の事情で居住することができないケースもあるでしょう。また、「**自分が子供だった頃の思い出があるから**」、「**先祖代々の家を壊すわけにはいかない**」などといった理由で手放したり壊したりできずに放置されている家も少なくありません。

「**物置きとして使っているから**」という理由で誰も住んでいない実家などを「空き家」であると認識していない所有者が多く存在していますが、これも「空き家」です。しかし、空き家のまま放置しておくことは、空家等対策特別措置法の改正による不利益を被るリスクがあるだけでなく**有益な家を有効活用できていない**という視点からも、**社会的な損失**であると私は思っています。

これは、私たちの親や先祖の方たちが築いてきた立派な資産です。それを自ら〝負〟動産にしてしまうのは**実にもったいない**ことです。

「**有効活用することができれば必ず新しい価値を生み出すに違いない**」。

これこそ私たちの考えであり、それを実現させるのが「アキサポ」というサービスです。

アキサポは、空き家を所有している方々に対して、新しく画期的な資産活用の方法を提供します。簡単にいえば、空き家をリノベーションして、新しい付加価値を生み出す物件にお化粧直しをしたうえで第三者に貸し出すのです。

リノベーションに際し、物件の所有者に金銭的な負担は基本的にかかりません。そのうえで一定の貸し出し期間が終了したら、**物件は所有者の手元に戻ってきます**。しかも、**貸出期間中もさらにその後も物件を維持して家賃収入を得ることが可能**になります。

「そんな都合の良い話なんてあるわけないのでは？　詐欺ではないのか？」と思われる方もいらっしゃるかもしれません。でも、**決して詐欺ではありません**。私たちがこれまで蓄積してきたノウハウを活用すれば、それは十分に実現可能なのです。

私たちの最終的なゴールは、空き家の利活用だけではありません。

この日本から無駄な空き家を少しでも減らすことで社会の活性化や地域の振興に寄与したい。そんな思いが原動力になっています。

空き家をリノベーションして新しい活用法を提案するだけでなく、リノベーションが難しい条件の建物なら更地にして駐車場にする、地方の空き家なら宿泊施設にするなどのさまざまな利活用の仕方もあります。私たちがしばらく管理して、買い手が現れた時に売却するという空き家を減らす方法をとることもあります。

日本全国で空き家を減らし、その建物や土地を有効活用することにより、日本の地図そのものを変えていきたい。それが私たちの切なる願いです。

2023年4月

大河　幹男

第3章

空き家活用事例集①
生活スペースへのリノベーション

第4章 空き家活用事例集❷ 事業用途へのリノベーション

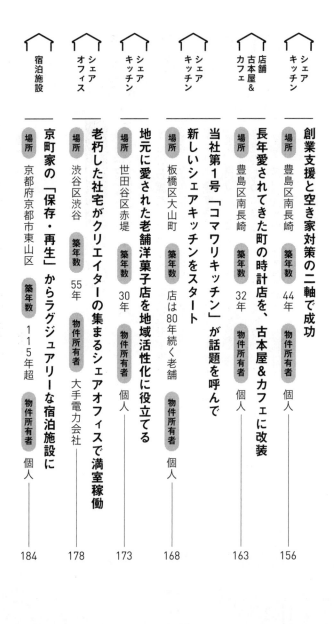

第5章 空き家事業を始めたワケと空き家の未来

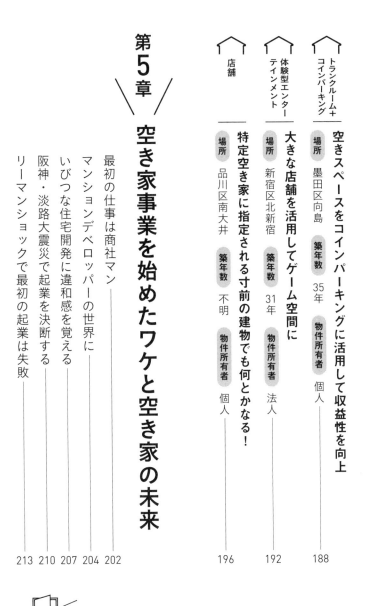

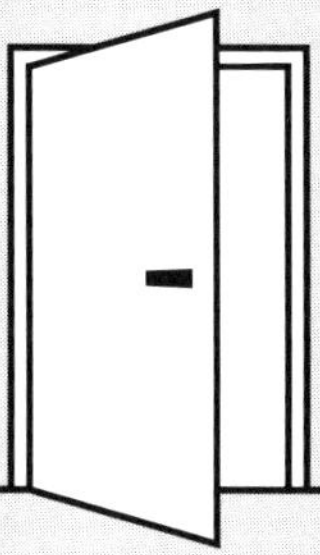

第1章

あなたの実家、空き家になったらどうします？

それ、空き家になりますよ

空き家についてお話しするにあたって、まずごく普通の暮らしをしているAさんという方の身に起きたことをお話しさせてください。

Aさんは今、52歳。東京都心から電車で約1時間の郊外に生まれ、高校までは地元の学校に通い、大学は東京の大学に入学しました。兄弟は妹が1人います。

そして就職。都心に本社を構える大手商社に入社したAさんは、海外勤務を経た後、東京本社に配属されました。海外転勤前に結婚した妻と一緒に海外生活をし、現在は都心のマンション暮らしです。子供は2人いて、長男が20歳、次男は18歳。今が一番、お金のかかる時期ですね。

そしてAさんのご両親は、ご健在です。

82歳の父と80歳の母というご高齢で、郊外のAさんが生まれ育った一軒家にお二人で住んでいます。

両親の年齢を考えると、そろそろ同居も考えます。ただ大手商社の部長であるAさんは仕事が多忙なので、なかなか同居には踏み切れずにいます。現在、妻と2人の子供と住んでいる都心マンションは、両親と同居するには狭すぎます。郊外の実家から都心に通勤するとなると、時間のロスが大きくなります。

妹は結婚して大阪で生活基盤を築いているので、同居は困難です。とはいえ両親とも健康なので「そのうち考えればいい」などと、Aさんは楽観的に考えていました。

ところがある日突然、Aさんは同居するかどうかの決断を迫られることになりました。年老いた父が脳梗塞で倒れたのです。緊急入院して医師も必死に治療したものの、意識が回復することなく亡くなりました。

葬儀を終え、今後をどうするか家族会議が開かれました。一番の心配事は、一人になってしまった母の生活をどうするか、です。

母はずっと専業主婦でした。父が存命中は父の厚生年金と母の国民年金がありましたが、父が亡くなったことによって、遺族年金+母の国民年金に切り替わりました。2カ月に1度の受給額は32万円。したがって、1カ月あたりの生活費は16万円です。実家はすでにローンも完済しているので、住居にコストはかかりません。16万円も年金があれば、父が残した2000万円の預貯金を少しずつ取り崩すことによって生活は何とかなりそうです。

そう計算したAさんと妹は、ひとまず母にひとり暮らしをしてもらうことにしました。母も、80歳にもなって今さら新しい環境での生活に馴染むのが大変だと思ったのか、住み慣れた家でひとり暮らしをすることに了承してくれました。

一段落ついたのも束の間。父の葬儀を終えて1カ月後、知らない病院からAさんの携帯電話に連絡が入りました。話を聞くと、母が家のなかで転び、大腿骨を骨折したというのです。高齢なので歩行器を使わないと歩けない生活になり、恐らく実家でのひとり暮らしは無理だろう、と。Aさんか妹のどちらかの家で同居するか、それともどちらかが実家近くに戻って面倒を見るか、そのいずれかの選択を求められました。

Aさんは自分の妻に相談しました。

結論としては、母との同居は難しく、自宅の近くにあるサービス付き高齢者住宅に入居してもらうことにしました。1カ月あたりの家賃は、年金受給額を少し上回る金額になります。それでも2000万円の預貯金を取り崩していけば、母が100歳まで長生きしたとしても資金が底を尽くことはありません。

ただ、ひとつだけ問題が生じました。

「**実家をどうするのか**」ということです。

東京都下とはいえ、都心までかなり遠い郊外で交通の便の悪い場所に建っている、築40年の古い家です。Aさんはもちろんのこと、Aさんの妹も実家には住むつもりはありません。母親が施設に入居したら、当然のことながら実家は空き家になります。

さて、この実家、どうすれば良いのでしょうか。

売却しない限り、この実家に誰も住んでいないとしても、**固定資産税だけは取られていきます**。

問題はそれだけではありません。

家は不思議なもので、**誰も住まないとどんどん朽ち果てていきます**。庭には雑草がはびこり、草の丈がどんどん伸びます。

想像してみてください。そのうえ壁が剝がれ、不法投棄によるゴミが散乱していたら、もはや**お化け屋敷**です。

家の中にある家財道具は、母が生活していた時のまま残されています。家を壊すとなったら、その家財道具を処分する必要があります。さらに建物を壊すにもある程度の金額がかかります。家の状態にもよりますが、300万円くらいは必要でしょう。

東京で学費のかかる子供2人を育てているAさんも、大阪に嫁いでいる妹も、それだけの大金をすぐに出せる家計状況ではありません。

また、父の遺産を引き継いだ母に実家の解体費用を出してもらうにしても、それだけの資産が一度に払い出されたら、今度は母の老後プランを見直さなければならなくなります。それに今は歩行器があれば歩けているとはいえ、いずれ認知症になったりそれ以外の病気をわずらったりして、さらにお金が必要になる日が来るかもしれません。やはり老後の問題は、お金の問題でもあるのです。

こうして実家は売りに出してはみたものの一向に買い手がつかないまま、歳月だけが流れていきました。経済的事情で建物を壊すこともできず、空き家のままになっています……。

さて、空き家のイメージを読者の皆さんに持っていただくために、このような簡単なストーリーを最初に書いてみました。

いかがですか。自分の胸に手を当てて、じっくり考えてみてください。

事例として挙げたAさんは東京郊外の出身者ですが、地方出身で東京や大阪などの大都市圏で働き、かつそこに生活基盤を持っている人も決して少なくないでしょう。そういう人たちの多くが、Aさんと同じような事態に直面する可能性があることを、まずお伝えしておきたいと思います。

最近、マスメディアなどでも頻繁に取り上げられる機会が多い「空き家問題」。これは決して特別なことではなく、誰の身にもある日、突然降りかかってくる可能性のあることなのです。

そもそもなぜ空き家が増えるのか

実際、どのくらいの空き家があるのかをご存じですか。

2020年5月に公表された、総務省の「2018（平成30）年住宅・土地統計調査」によると、日本国内の住宅数は、全部で6240万戸あって、空き家はそのうち849万戸もあるのです。これ、率にすると13・6％です（**図表1**）。皆さん、この数字を聞いて

図表1　空き家の割合

全国の住宅の13.6％が空き家（過去最多）

空き家には、引き続き住宅として使用できるものから廃屋に近いものまで、また戸建てや共同住宅など多様なバリエーションがある。

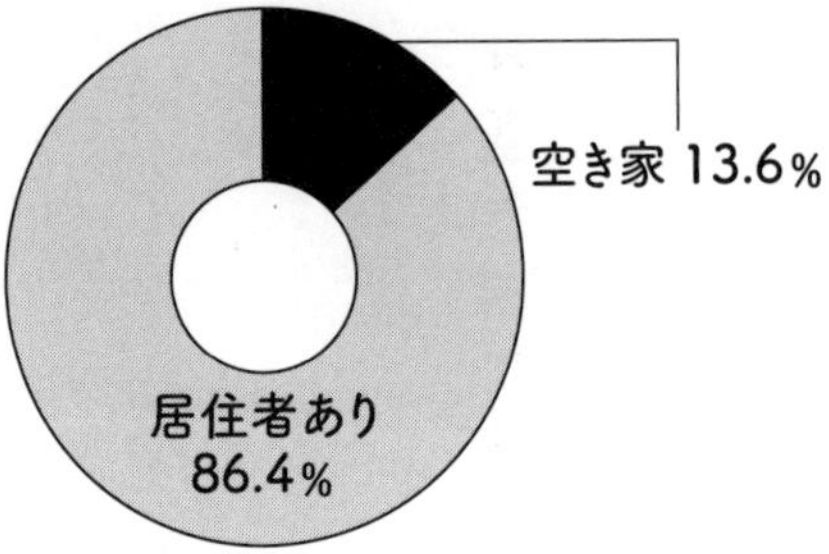

高いと思いましたか、それとも想像した通りでしたか。これからこの数字は、さらに上昇していくと考えられているのです。

野村総合研究所という、日本でも有数のシンクタンクが、２０３８年までの総住宅数と空き家数を推計しているので、この数値をお知らせしましょう。

先述した２０１８年の総住宅数６２４０万戸、空き家数８４９万戸という数字は、野村総合研究所が事前に推計した数字に比べて、総住宅数、空き家数ともにやや低めでした。これには、２０１３～17年度に空き家の除却率（新設住宅着工戸数に占める除却戸数の割合）が大幅に上昇したことにより、当初予測よりも実際は低い空き家率となったという背景が

図表2　除却率の推移

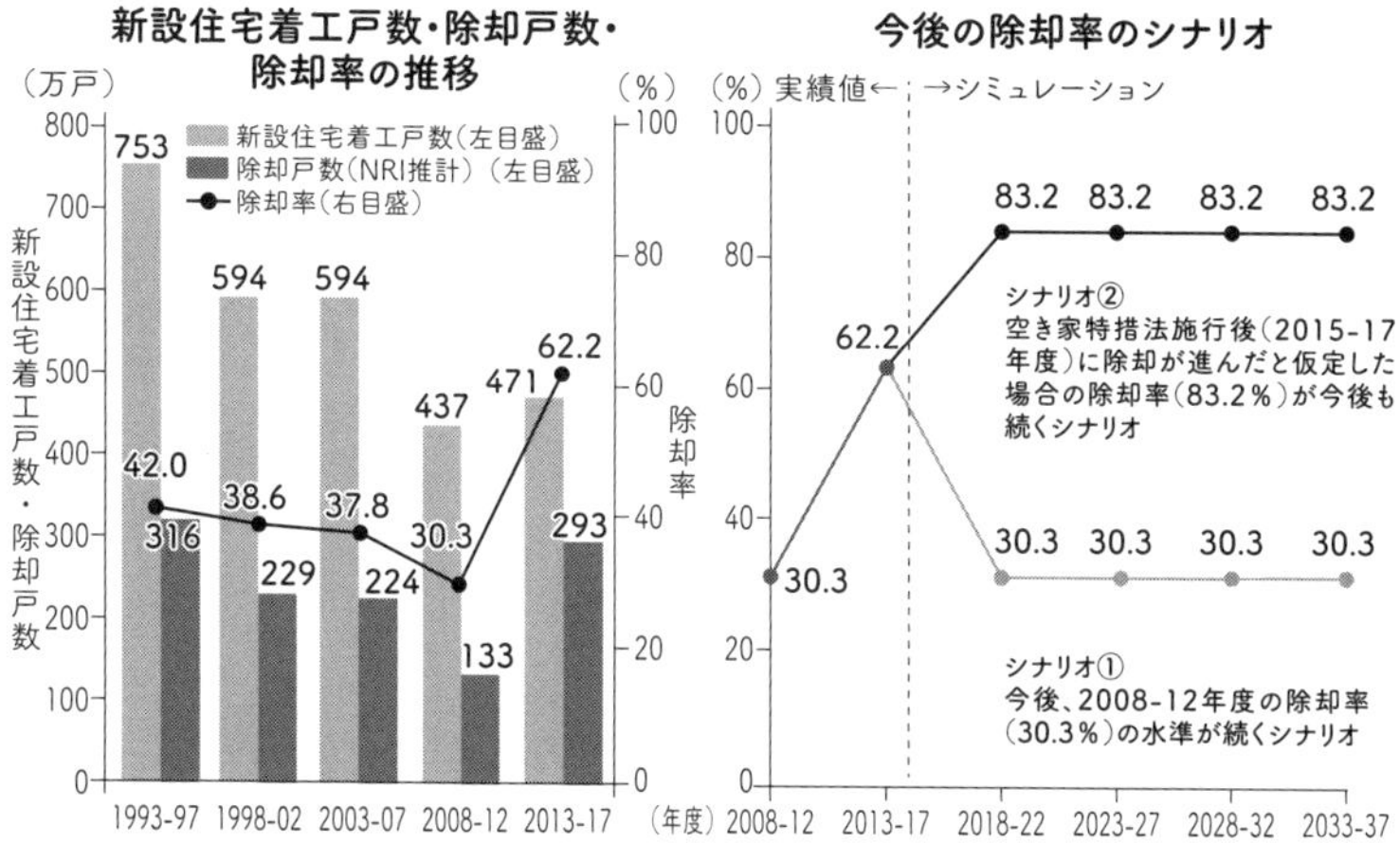

野村総合研究所資料「今後の空き家率シミュレーションシナリオ」（P33）より抜粋。
国土交通省「住宅着工統計」、総務省「住宅・土地統計調査」よりNRI算出。

ありました（**図表2**）。今後の空き家率は、除却率が①２００８〜12年度の水準に戻る、または②特措法施行後の水準が継続するという２つのシナリオが考えられ、野村総研でシミュレーションされています（**図表3**）。シナリオ②では２０３８年の空き家率は21・1％と上昇は緩やかですが、シナリオ①の２０３８年の空き家率は31・5％にまで上がっています。

いろいろな事情によって、これから空き家はどんどん増えていきます。

では、どうして空き家が増えるのでしょうか。また、なぜその増加ペースが今後、どんどん加速していくのでしょうか。

私は、大きく４つの理由があると考え

図表3　空き家率の推移（総住宅数・空き家数・空き家率のシミュレーション）

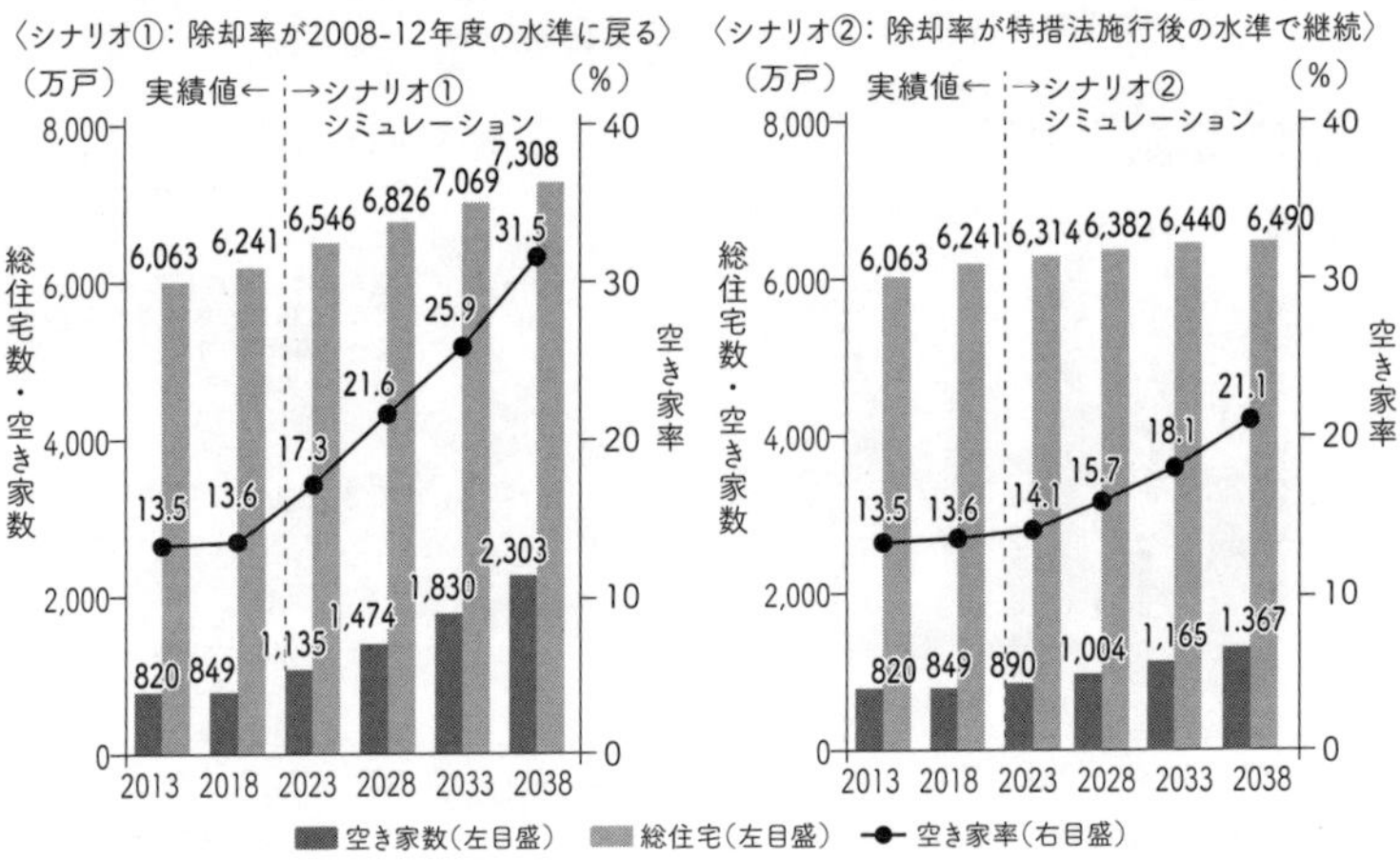

野村総合研究所資料「今後の空き家率シミュレーション結果」（P34）より抜粋。
実績値：国土交通省「住宅着工統計」、総務省「住宅・土地統計調査」、シミュレーション値：NRI

ています。

理由その1　根強い新築至上主義

戦後、日本では国策のひとつとして持ち家取得を奨励してきました。1950年代から始まった高度経済成長によって人口が急増したため、日本全国で住宅不足が深刻な社会問題になったのです。

その社会問題を解決するため、国は住宅金融公庫（現、住宅金融支援機構）を設立し、国民が低金利で住宅を買うための融資を受けられるようにしました。また同時に、さまざまな土地が宅地化され、新築物件が次々に建てられていったのです。「○○ニュータウン」という地名がありますよね。これらは戦後、住宅不足を解消するために開発された土地の典型例です。

こうして次々に新築物件が建てられたのと同時に、地方の農村部から都心へと大勢の若い人たちが移り住んできました。今の年齢で言うと、1947年から49年くらいに生まれた団塊世代の人たちです。

この世代の人たちが地方から大都市圏に出てきて就職し、20代後半から30代になって結婚して子供が生まれ、「ニューファミリー」などと呼ばれるようになりました。こうして「大家族」から「核家族」へと家族形態の中心が移っていき、住宅の数がどんどん増えていったのです。そしてこれが、日本のGDPの成長に大きく寄与しました。

なぜなら家を1軒建てると、それによって大きな経済効果が生まれるからです。

家を建てるためには、木材や鉄、セメントが必要になります。しかも新しい家を購入したら、さまざまな家具、家電製品、カーテン、絨毯《じゅうたん》なども新調したいと考えるのが人の常です。こうして新しい家を軸にして、さまざまな消費が活発に行われるようになります。その結果、広く経済活動が活性化していくのです。

ご存じのように日本は戦後、奇跡的な高度経済成長を遂げました。理由はいろいろあるのですが、私は持ち家奨励という国策のもとで、多くの国民が新築物件を求めたことも、日本の高度経済成長の一要因だと思っています。

また、「安普請」といっては何ですが、日本の一戸建ては欧米の家などとは違って耐用年数がいささか短い傾向があります。

欧米では築100年といった物件が普通にあり、しかも中古物件の価格が新築物件に比べて高かったりもします。建物だけでなく、その周辺環境の整備も含めて、不動産という**資産のバリューアップをはかる意識が結構強い**ということですね。だから戸建てを購入した後も、一所懸命に手を入れて価値を維持しようとするのです。

でも日本の戸建て、特に建売住宅などは、100年も住み続けることを前提にしていません。せいぜい30年とか40年くらいの耐用年数でしょう。

もちろん、30年か40年が経過したところで解体されて、すべて新しい家に建て替えられるなら、それはそれで良いのですが、大概はそうはいきません。

ちなみに、米国の住宅市場では新築物件の流通量が少なく、中古物件を中心にして住宅市場が成り立っています。実に住宅流通量の80%が中古物件で占められているのに対して日本の住宅市場における中古物件の比率は、14・5%に過ぎません。新築至上主義の考え方が改まらない限り、空き家の数が劇的に減るようなことにはならないでしょう。

理由その2 家族形態の変化

皆さんは、国勢調査の結果を見たことはありますか。おそらく大半の方は面倒くさがりながら国勢調査のシートに記入はするけれども、その結果がどうなったのかについては、ほとんど関心がないのではないでしょうか。そのデータは「厚生労働白書」などにも用いられています。令和2年度の「厚生労働白書」にある「一般世帯総数・世帯類型の構成割合の推移」のグラフを見てみましょう**（図表4）**。

これはひとり暮らしや核家族、あるいは二世代、三世代の大家族というように、家族類型別の世帯数推移を示したものです。

その推移で注目されるのは「夫婦と子供から成る世帯」という典型的な「家族」の形が、徐々に少なくなる一方で、「単独世帯」が大幅に増えていることです。「単独世帯」と「夫婦と子供から成る世帯」の世帯数が逆転したのは２０１０年調査からです。

また大幅に世帯数を減らしているのは「その他の世帯」で、ここには二世代同居、三世

図表4　一般世帯総数・世帯類型の構成割合の推移

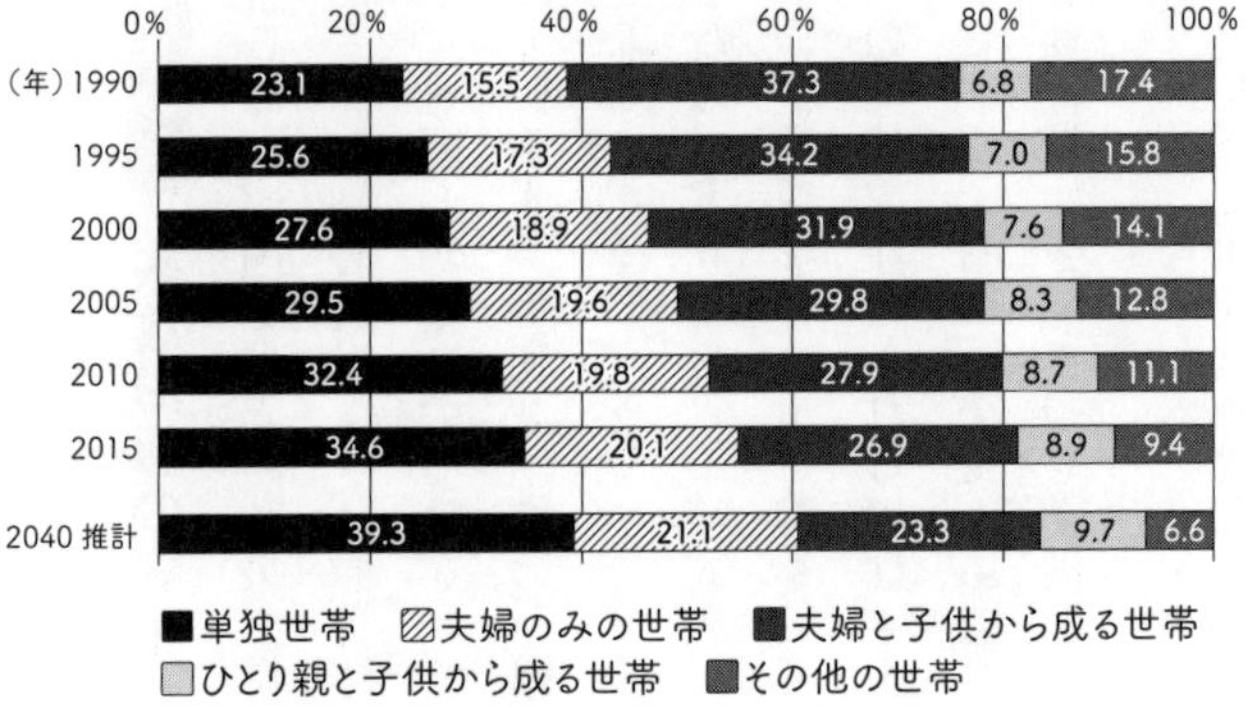

資料：2015年までは総務省統計局「国勢調査」、2040年推計値は国立社会保障・人口問題研究所「日本の世帯数の将来推計（全国推計）（平成30年推計）」による。
（注）1990年は、「世帯の家族類型」旧分類区分に基づき集計。

「令和2年度 厚生労働白書」図表1-6-2より引用。

代同居といった大家族が含まれているのですが、調査年を追うごとに減少率が上昇していっています。

「夫婦と子供から成る世帯」と「その他の世帯」が減少するのと同時に、「単独世帯」や「夫婦のみの世帯」が増加しているのは、子供が大きくなると親元を離れて生活し、結婚してもどちらかの親と同居するケースが減っているということです。かつては大家族が「家族」の典型的な形でした。ところが高度経済成長期のなかで核家族化が進み、さらに昨今では「単独世帯」が最大勢力になったのです。

また結婚しても子供がいない「夫婦のみの世帯」や、実数としてはまだ少数だけれども、調査年を追うごとに存在感を増している「ひとり親と子供から成る世帯」、つまり離婚している世帯なども伸びていて、この40年間で世帯の形が大きく変わったことがわかります。

このように世帯の形、家族の形が変わったことによって、住まい方にも大きな変化が生じてきました。

〔理由その1〕でも触れたように高度経済成長期には、若い世代の地方から大都市圏への移動が活発になり、昔は当たり前だった「二世代同居」や「三世代同居」よりも「核家族」が増えて、大都市圏の郊外にニュータウンがたくさんできました。

さらに時代が進んで、今はどうなのかというと、若者の地方から大都市圏への人口移動は続いているのです。ただし結婚しない人が増えているため、郊外のニュータウンは寂れ、大都心の駅に近い場所にあるワンルームマンションが人気を集めてきています。

あるいは、同居しない子供が増えたことによって「夫婦のみの世帯」が増加し、さらに夫婦のいずれかが先立つことで独居老人の数が増えてきました。

単身者世帯は若者だけでなく、高齢者も相当数含まれます。そして、ひとり暮らしの高齢者が亡くなれば、今度はその住んでいた家が空き家になります。

冒頭のストーリーのように子供がすでに自らの生活基盤を築いていれば、空き家になった親の家は使われなくなります。**空き家が増えた要因のなかでも、この「家族形態の変化」は、非常に大きい要因**を占めているのではないかとも思うのです。

理由その3　都市部への人口集中

〔理由その1〕と〔理由その2〕の両方で、若い世代を中心にして地方から都市部に人口が移ったという話をしました。これについてもう少し詳しく説明してみましょう。

総務省統計局の調査によると、東京圏、名古屋圏、大阪圏という三大都市圏における人口流入は、1960年代の前半に一度、大きなピークを打っています。

そこから70年代の半ばにかけて一時は人口流出超になったこともあったものの、80年代のバブル経済を機に再び三大都市圏への人口流入超になり、バブル崩壊とともに人口流出超になりました。そして直近にかけては再び人口流入となり、現在に至っています。

三大都市圏の人口シェアは、これからもさらに上昇していく見通しです。これについては公的な推計値も発表されています**（図表5）**。

総務省の24年版白書の推計値によると、1970年当時は46・1％に過ぎなかった三大

図表5　三大都市圏及び東京圏の人口が総人口に占める割合

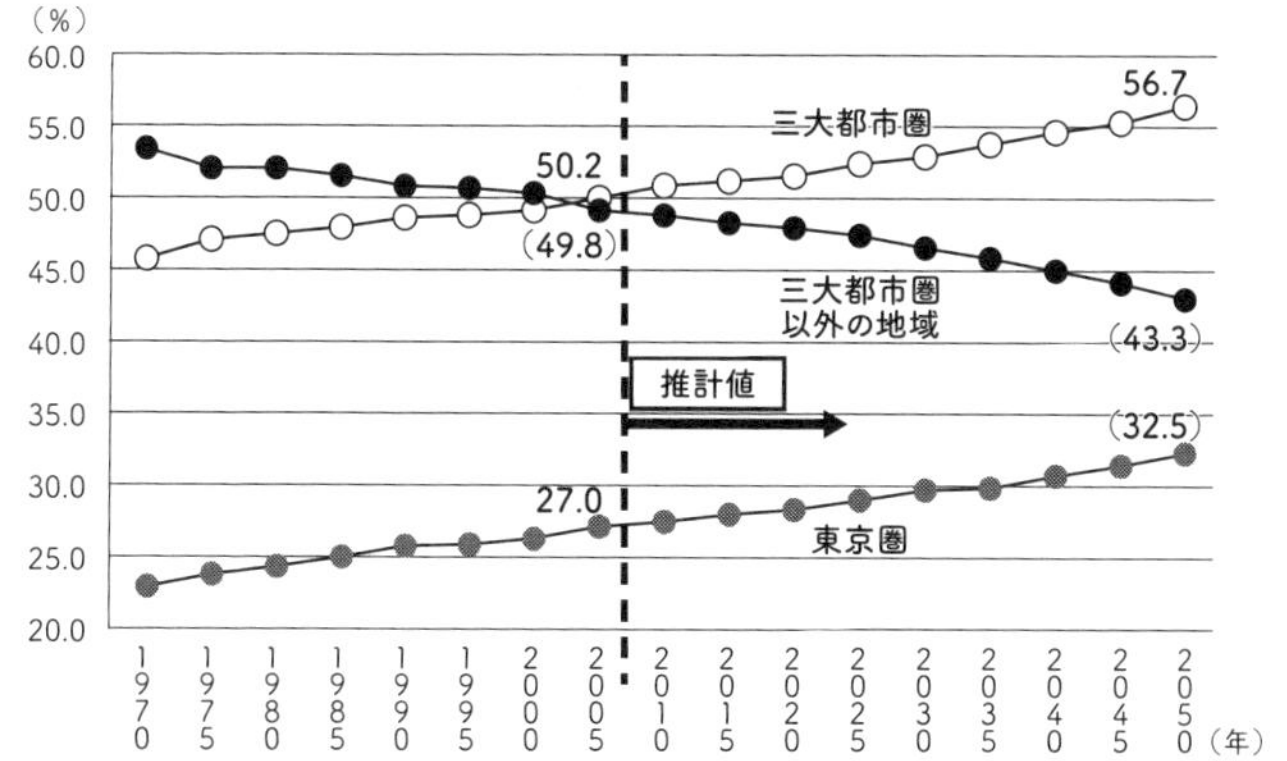

（出典）国土交通省国土審議会政策部会長期展望委員会「国土の長期展望」中間とりまとめ
総務省「情報通信白書平成24年版」の「図表1-2-1-7　三大都市圏及び東京圏の人口が総人口に占める割合」を転載。

都市圏の人口シェアは、２０５０年に56・7%まで上昇する見通しです。そしてこの間、東京圏の人口シェアは、23・0%から32・5%まで高まる見通しです。つまり人口シェアのかなりの部分が、東京圏に集中するとみられているのです。

一方で三大都市圏以外の地域では人口シェアが減少傾向をたどっていきます。１９７０年当時は53・9%もあったのが、２０５０年の推計値は43・3%です。

このように三大都市圏をはじめとする大都市圏への人口移動が、これからもどんどん進んでいきます。逆に地方で生活する人が減って、空き家問題が一段と深刻化する恐れがあります**（図表６）**。

図表6　対2000年人口の推移（2000年時点の人口規模別）

○2000年時点の市区町村人口規模別の将来人口推計をみると、人口規模の小さい自治体ほど人口減少に直面。
○5万人未満の小規模自治体では、直近20年ですでに人口減少が進み、今後その加速化が見込まれる。
○5万人以上30万人未満の中規模自治体においても、今後は人口減少リスクがより顕在化する。

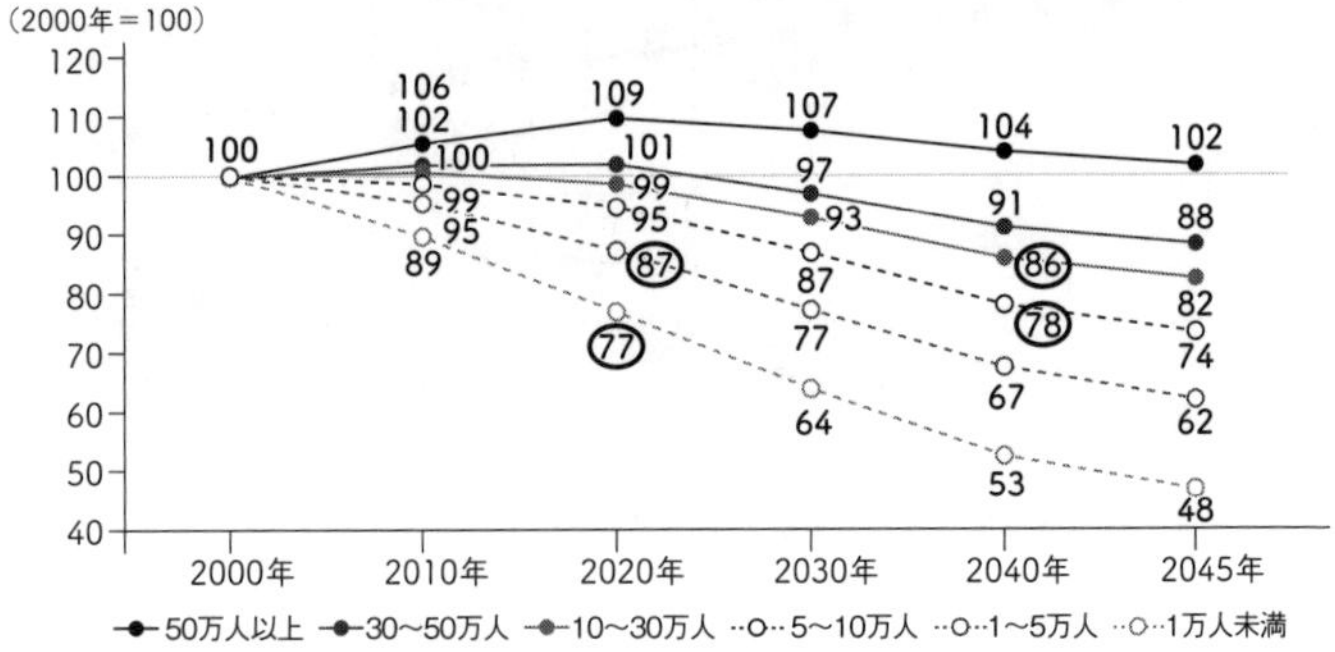

（出典）国土交通省「我が国国土が直面するリスクと構造的な変化（参考資料）」（P5）より転載。国立社会保障・人口問題研究所「日本の地域別将来推計人口（平成30（2018）年推計）」、総務省「国勢調査」より国土政策局作成。
（備考）市町村数に福島県は含まれない。また、東京特別区は１つとして含み、合計は1660。（実際の全国市町村数は1718,福島県市町村数は59）

　ただ空き家問題の深刻なところは、地方だけの問題ではないことです。日本全国で849万戸と言われている空き家のうち、約81万戸が東京都内の空き家なのです。23区内でも空き家率が10%を超えているところが半数以上です（東京都住宅政策本部サイトより）。

　世帯の推移から考えれば、その理由は明らかです。高度経済成長期に都心の郊外に家を建て家族で住んでいたものの、子供たちが独り立ちして高齢となった夫婦で住んでいる家はたくさんあります。いくら都心に近いといっても、なかには会社に行くうえでより利便性の高い都心のマンションを購入している若い夫婦も増えてきています。結果、東京圏でさえも、郊外にある戸建てを中心にして空き家になる恐れが高まっているのです。

大都市圏の空き家問題については、もうひとつ要因があると思います。それは、所得水準の高さです。どういうことかというと、所得水準が高いほど目先のお金に困っていないから、空き家のままにしているケースが考えられるのです。もし本当にお金に困っていたら、何としてでもその空き家を売るか、もしくは利便性などは多少犠牲にしてでもそこに住もうとするはずです。東京圏など都市部の空き家問題の裏には、こうした経済的な事情もあると考えられるのです。

理由その4　介護施設の急増

2000年に介護保険制度がスタートしたことによって高齢者が要介護、要支援に認定されると、指定されたサービスを介護保険で利用できるようになりました。

その結果、介護保険施設といって、「介護老人福祉施設」、「介護老人保健施設」、「介護医療院」、「介護療養型医療施設」を合わせた施設数は、2000年は1万992施設だったのが、2021年には1万3731施設まで増えています（厚生労働省「令和3年介護サービス施設・事業所調査の概況」より）。

この介護サービスには、自宅で介護サービスを受ける「居宅サービス」、自治体が提供する「地域密着型サービス」、24時間体制で介護やリハビリ、療養などのサービスを受けられる「施設サービス」などがあります。また社会福祉法人や医療法人だけが行っていた介護事業に、民間企業も参入できるようになりました。介護ビジネスとして市場参入する民間企業が増え、介護施設が増えていったのです。

介護施設の中には、介護保険三施設という「特別養護老人ホーム」、「介護老人保健施設」、「介護療養型医療施設」だけでなく、高齢者向け住まいとして「サービス付き高齢者住宅」、「有料老人ホーム」、「養護老人ホーム」、「軽費老人ホーム」、「グループホーム」があります。

高齢者が夫婦で生活していたのに、いずれか一方が亡くなってひとり暮らしになった場合、この手の施設に入るケースがあります。すると、それまで住んでいた家は子供たちが住むか、他に借りる人が出てこない限りは空き家になります。今の空き家増加は、こうした**介護保険制度による介護施設の増加なども一因**であると考えられるのです。

空き家の実態を数字で見てみると……

なぜ空き家になったのかを調べたデータがあるので、それをご紹介しましょう。

少し古いデータですが、2019（令和元）年に国土交通省が行った「空き家所有者実態調査」です。その家に人が住まなくなり空き家になった理由として最も多かったのが「別の住宅への転居」の41・9％。次いで「死亡」の40・1％、「老人ホーム等の施設に入居」が5・9％、「転勤、入院などにより長期不在」が3・5％でした（**図表7**）。

これらの回答のうち、「転勤、入院などにより長期不在」については、いずれ戻ってくる可能性も否定できません。それでも空き家になった理由で圧倒的に多いトップ3を見ると、このまま放置される可能性が高いと考えられます。

次に、居住世帯のない期間について聞いたところ、「20年以上」という回答が20・9％と圧倒的に高いことがわかりました（**図表8**）。

また、こういった空き家を人に貸したり、売却したりすることを検討している場合、具体的にどこまで話を進めているのかを聞いたところ、「募集中」が39・4％と最も多く、

図表7　人が住まなくなった理由

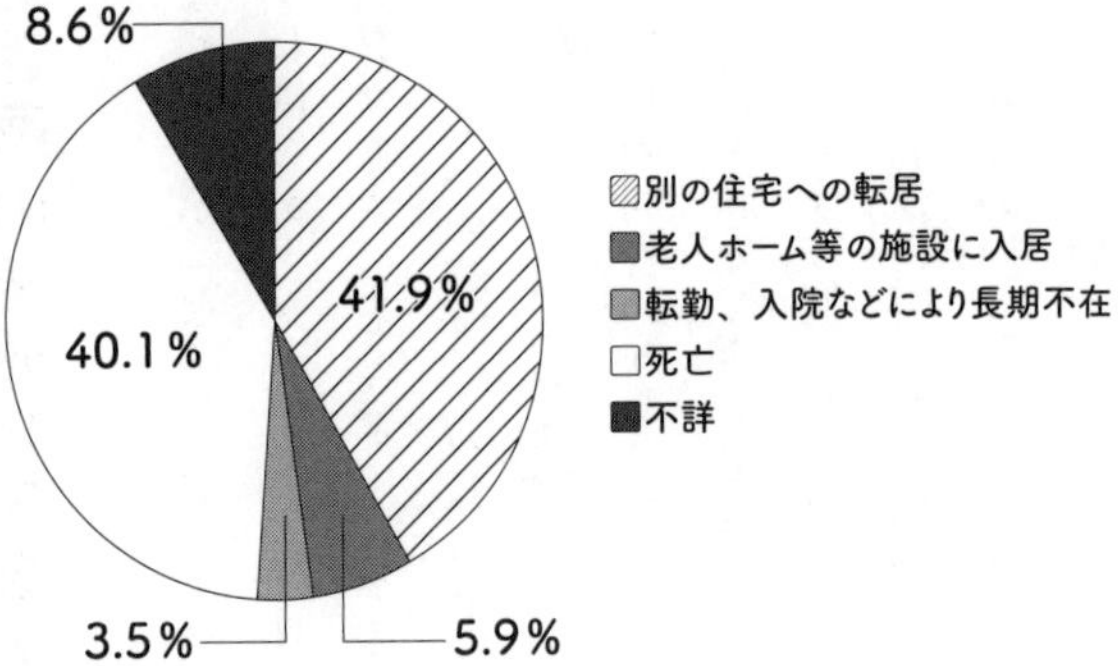

「別の住宅へ転居」が41.9%と最多、次いで「死亡」が40.1%、「老人ホーム等の施設に入居」が5.9%、「転勤、入院などにより長期不在」が3.5%。（n=3,598　単位：%）

「令和元年空き家所有者実態調査」（P75　図115）より転載。

図表8　空き家を放置した年数

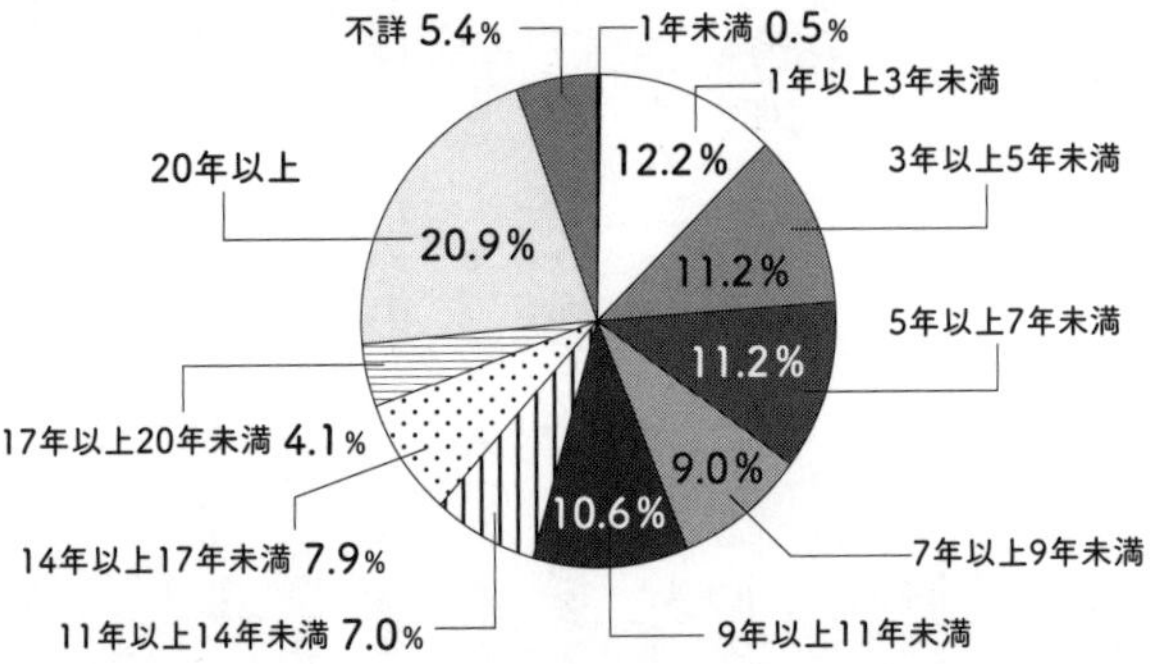

「20年以上」が20.9%と最多、次いで「1年以上3年未満」が12.2%、「3年以上5年未満」「5年以上7年未満」がそれぞれ11.2%。（n＝3,912　単位：%）

「令和元年空き家所有者実態調査」（P80　図124）より転載。

次いで「まだ何もしていない」が38・2%、「募集の準備中」が14・4%、「買い手・借り手が決定済み」が6・9%となっています（「令和元年空き家所有者実態調査」P156「図261買い手・借り手の募集状況」より）。

結局、空き家を持っている人たちは、空き家を解消するために何かアクションを起こさなければと思ってはいても、なかなかその一歩を踏み出すことができず放置したままでいるというケースが多いように思えます。「今のところ空き家のままにしておいても、誰も何も言ってこないし、売却したくてもしにくい立地だし、他に利活用の方法も見つからないから、もうそのままでいいや」ということなのでしょう。

でも、実はもう空き家を放置しておけない状況になりつつあります。なぜなら空き家を放置しておくと、さまざまなリスクに見舞われる恐れがあるからです。そこで行政側もいよいよ重い腰を上げざるを得ない状況になってきました。

空き家のまま放置するリスクを理解しておこう

空き家のままで放置しておくと、具体的にどのようなリスクに見舞われるのかを説明しておきましょう**（図表9）**。

よく言われるのが「**景観の悪化**」です。特に戸建ての場合、庭に生えた雑草を誰かが処分してくれるなんてことはありません。自分で草を刈る必要があります。これまではその家に住んでいた両親が丁寧に手を入れてくれていたわけです。放置したままだとあっという間に雑草が伸びてしまいます。

これ、意外と住んでいない人にはわからないことなのです。実際に両親がかつて住んでいた家に半年ぶりで行くと、変わり果てた状態に愕然《がくぜん》とします。住んでいないと手入れを忘れがちになり、特に夏場は物凄い勢いで雑草が伸びるのでびっくりすると思います。

それでも自分たちはそこに住んでいないので、何も気にならないかもしれません。でも**問題はご近所さん**です。雑草がどんどん伸びてジャングルのようになったりしたら、これは**クレームもの**です。あるいは建物の損壊状態がどんどんひどくなったりしたら、街並みの景観にも支障を来します。

古くなった建物が、隣近所の人たちに直接被害を及ぼすリスクも考えておく必要があります。

たとえば**建物が倒壊**したらどうなるでしょうか。最近、日本も異常気象の影響か、大型

図表9　こんなにある空き家放置のリスク

火災
放火や自然発火などによる空き家の火災は、発見が遅れることが多く隣家を巻き込む大火災になる可能性が高いです。
倒壊
誰も住んでいない木造建物は通気や換気がされず劣化が早いと言われています。特に昭和56年以前に建てられた建物は耐震性が大きく不足している可能性があります。
倒木
庭の管理ができず樹木が伸び放題になることで、木や枝が折れ隣家や車を破損させたり、通行人に怪我をさせてしまう可能性が高くなります。
不動産価値の低下
家は人が居住しなければ劣化が著しく進行し資産価値を大きく低下させてしまいます。資産価値が低下してしまうと売却するにも価格が下がり、賃貸をするにしても多額の修繕費用が掛かってしまいます。
景観の悪化
放置しているので庭の草木が伸び放題だったり壁の落書きにも気付きません。そのような建物は周辺街並の調和を乱すおそれがあります。
治安の悪化
不法侵入や不法投棄などの犯罪に利用される懸念があり、地域の治安を著しく悪化させる恐れがあります。

台風が毎年のように上陸し、かなりの被害を及ぼしています。そのうえメンテナンスをまったくしていない空き家の屋根が吹き飛ばされたり、庭などに放置したままの残置物が強風で舞い上げられたり。あるいは庭の管理が行き届いていないために木や枝が折れたりしたらどうでしょう。相当危険ですよね。こうしたことが原因で隣の家の建物や自動車などを壊してしまったり、あるいは直接、人に被害を及ぼしたりしたら、**損害賠償責任を問われるかもしれません**。

火災が生じる恐れもあります。誰も住んでいないのをよいことに誰かが不法侵入し、そこで火を使われて火災になり、近所の家が延焼したら、下手をすると重過失を問われる恐れも出てきます。

不法侵入者によって犯罪の温床にもなりかねませんし、害虫・害獣屋敷になってしまうケースもあります。空き家のままにしておいて良いことなど、正直ひとつもないのです。

こうした空き家問題に対して、行政側もようやく動きだしました。2015年5月に施行された「空家等対策特別措置法」がそれです（**図表10**）。

この法律によって、このまま放置し続けていると倒壊する危険性が高いなど保安上の問題があったり、衛生的に著しく有害になる恐れがあったり、適切な管理が行われていない

図表10　空家等対策特別措置法における空家の定義

全国の空き家問題を解消すべく、2015年5月に空家等対策の推進に関する特別措置法（通称：空家等対策特別措置法）が全面施行されました。その中で、1年以上住んでいない、または使われていない家を「空家」と定義しています。

判断基準としては、人の出入りや、電気・ガス・水道の使用状況、物件の管理状況、所有者の利用実績などが挙げられています。

また、「特定空家等」に認定される場合があり、指導を受けたにもかかわらず改善されていないと国から勧告を受けることがあります。

「空家等」とは

建築物又はこれに附属する工作物であって居住その他の使用がなされていないことが常態であるもの及びその敷地（立木その他の土地に定着する物を含む。）をいう。ただし、国又は地方公共団体が所有し、又は管理するものを除く。（第2条1項）

「特定空家等」の条件とは

①そのまま放置すれば倒壊等著しく保安上危険となるおそれのある状態
②著しく衛生上有害となるおそれのある状態
③適切な管理が行われていないことにより著しく景観を損なっている状態
④その他周辺の生活環境の保全を図るために放置することが不適切である状態にあると認められる空家等をいう。（第2条2項）

図表11　空き家対策のしくみ

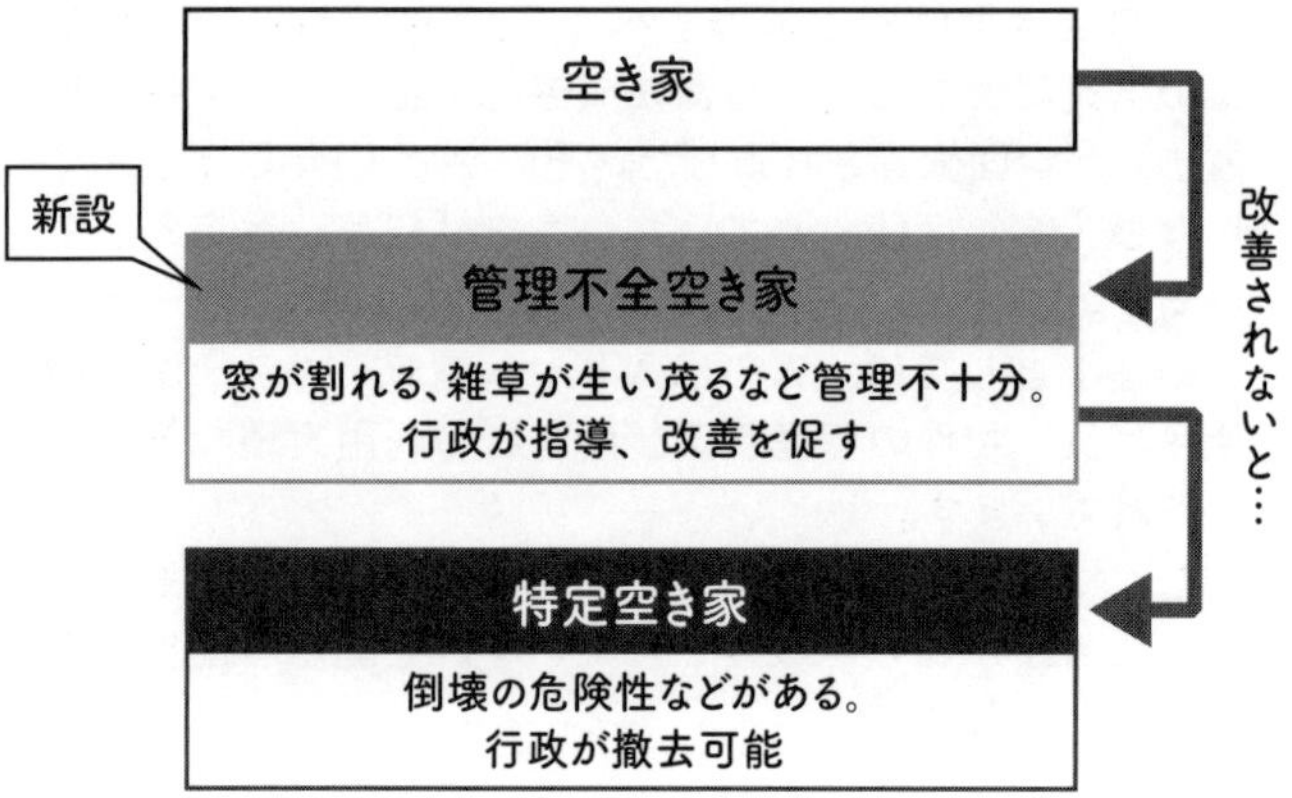

空き家
新設
管理不全空き家
窓が割れる、雑草が生い茂るなど管理不十分。
行政が指導、改善を促す
特定空き家
倒壊の危険性などがある。
行政が撤去可能
改善されないと…

ために景観が損なわれたりしている空き家を自治体が調査を行って、これらの要件に該当すると認められた場合は、「**特定空き家**」として指定されます。

特定空き家に指定されると、自治体から助言・指導を受けることになります。これに対して何もしなければ勧告を受け、住宅用地に係る固定資産税等の特例が対象外とされてしまいます。それでも自治体からの改善命令を聞かないと、今度は最大50万円の罰金が科せられます。

それでも現状を改善できないままにしておくと、行政代執行といって強制的に解体・撤去されることになります。その際の解体費用は、すべて空き家の所有者に請求されます。

行政代執行まで行ってしまうと、空き家の所有者はかなりの経済的負担を強いられることになります。ですから、そうなる前に空き家を売却するのか、それとも利活用する方法を考えるのか、いずれかを判断する必要があるのです。

そして、国土交通省は新たな空き家対策として「管理不全空き家」という区分を設ける制度を導入する方針です。「管理不全空き家」は「特定空き家」の前段階で、窓が割れていたり雑草が生い茂っていて管理不十分で、放置すれば「特定空き家」になる恐れがある場合に指定されます**（図表11）**。

現状の国土交通省の試算ではこのような「管理不全空き家」は市町村が把握しているもので累計50万件あり、うち約14万件は除却等されたもののまだ約24万件が現存しています（約10万件は状況不明。国土交通省住宅局「空き家政策の現状と課題及び検討の方向性」より）。

空き家にしないためにはどうすればいいのか

相続した実家などが空き家になった場合、一般的にどういう対処法があるのかを考えてみましょう。空き家問題を解決する方法は、「**売却する**」、「**無償譲渡する**」、「**有効活用す**

る」という3つに大別できます。

空き家にしないための方法 その1

更地にして売却する

まず売却する場合です。「**更地にして売却する**」、「**建物ごと売却する**」のいずれにもメリットとデメリットがあります。

更地にして売却する場合、一番のメリットは不動産を売却しやすくなることです。築40年、50年が経過した古家で、家のあちらこちらが傷んでいるような家に住みたい人は、ほとんどいません。買ったとしてもいろいろなところを修理しなければなりませんから、そこまで手間をかけても住みたいというメリットがない限り誰も買わないでしょう。それならいっそのこと更地にしてしまったほうが、新しく自分の好みの家を建てることができるので買い手が付きやすくなるのです。

また、更地にすることで安心もできるでしょう。建物がないので不法侵入されるリスクがなくなります。よって火災や建物の倒壊によって近所に迷惑をかけるリスクもなくなります。

ただし、デメリットもあります。それは解体費用がかかることです。

解体費用は解体業者によって違います。壊す建物の種類、家の大きさによっても違ってきます。おおよその目安で言うと、木造家屋で1平方メートルあたり2万円前後。鉄筋コンクリート造家屋で1平方メートルあたり4万円前後、と言われています。つまり、木造家屋で建物床面積が100平方メートルだと、200万円程度かかるわけです。

また更地のままで放置しておくと、不法投棄をされるリスクもあります。気休め程度にしかならないと思いますが、ロープを張ったり、不法投棄を発見した場合の対応を書いた看板を設置したりして、不法投棄を禁じる意思を表明しておく必要があります。

それと、これは意外と見逃されがちなのですが、**更地だと固定資産税が高くなります。**なぜなら居住用建物の敷地になっている土地は、**固定資産税を安くする特例**があるからです。空き家のままでもこの特例を受けることはできるものの、建物を壊して更地にした時点で**固定資産税が最大6倍**にまで跳ね上がります。

将来的に、特定空き家に指定される物件が増えることが想定され、地方行政の空き家税などがかかってくる可能性もあります。そして、軽減措置が受けられなくなる空き家が増大する恐れがあるのです。

建物ごと売却する

現状引き渡しのメリットは、解体せずにそのまま買い手に引き渡すことになるため、解体費用がかからないことです。それに加えて建物がある状態で売却することになるため、固定資産税が上がらずに済みます。

つまり金銭的には、余計な支出が生じないためお財布に優しいのです。ただしデメリットもあります。売買契約が成立して新たな住人が住み始めてから、アスベストがあった、シロアリが湧いた、建物の躯体《くたい》（建築構造を支える骨組み）が腐っていたというトラブルが発生しないとも限りません。その場合、買い手から損害賠償を求められる場合があります。

また、これが一番大きな問題だと思いますが、なかなか売却できないという状況に陥るリスクがあります。建物は単に雨露を凌《しの》げればそれでよいというものではありません。特に戸建ての注文住宅の場合だと、建てた人の趣味嗜向がはっきりと反映されます。建売なら一定の規格に基づいて建てられるので、それほど問題になりません。しかし注文住宅は元の所有者が良いと思っても万人向けとは限りません。広い土間のある玄関、薪ストーブのあるリビング、流行のアイランドキッチン。好みが分かれるところです。

もっと言うと、築年数が非常に古い建物の場合、建物の外観が朽ちていたり、設備が古すぎて今の時代に合わなかったりするものもあります。そうなると、**ますます買い手が付かなくなります**。現状引き渡しの場合、やはり築年数の浅い物件でなければ難しいといえるでしょう。

空き家にしないための方法 その3 有効活用する

空き家を貸し出して有効活用するという手もあります。貸し出すことによって定期的に賃貸収入を得ることができますし、誰かが住んでくれますから、空き家のまま朽ちることもありません。不動産を資産と考えた時、この方法が最も理想的であるともいえます。

ただし貸し出す際には当然のことながら、その空き家を借りてくれる人を探さなければなりません。これは現状引き渡しと同じで、あまりにも古い物件だと借り手がいませんし、立地条件もかなり厳しくチェックされます。近くにコンビニエンスストアや大規模スーパーマーケットがあるのかどうか、駅からの距離は遠いのか近いのか、近所に住んでいる人も含めて周辺環境が住みやすいものかどうか、といった点を吟味する人は多いのです。それらの厳しい条件をクリアできる物件以外は、やはりなかなか借り手がつかず、空き家のままで放置されるリスクがあります。

また、その他の方法として、「**空き家バンク**」という制度があります。これは、各自治体やその委託を受けた企業が運営する、空き家に関する情報提供サービスです。

空き家の所有者が売却したい、あるいは賃貸したい空き家を登録して空き家バンクがその空き家を活用したいという人に向けて情報提供することで、空き家の有効活用を進めようという狙いがあります。空き家の所有者が空き家を利用したいと考えている人を探すのは、結構大変です。不可能に近いといっても良いでしょう。そこで空き家バンクという情報サービスに登録すれば、少しでも多くの人の目に触れる機会が増えて売却や賃貸の可能性が高まるのではないか、という狙いがあります。

ただ、これは間に不動産会社が介在しておらず、空き家の所有者と空き家の利用希望者を、空き家バンクというサイトを通じてマッチングさせるだけのシステムなのです。空き家バンクを見て購入希望、あるいは賃貸希望の人が出てきた場合、建物の内見、金額交渉など、不動産取引に必要となるすべてのやりとりを、所有者と利用希望者の間で直接行わなければなりません。したがって、非常に手間がかかります。

もちろん、所有者と利用希望者との間で直接交渉するため、不動産会社への仲介手数料を払わずに済むというメリットもあります。ただ問題は何のために不動産会社に仲介手数料を払うのかということです。いうまでもなく、不動産取引には売却でも賃貸でも、専門的な知識が必要です。この知識がないがために、後々にトラブルに発展するリスクがあるので、実際に契約を結ぶ際には、司法書士などの専門家を雇ったほうが無難です。そうなると、不動産会社に仲介手数料を払わなかったとしても、別な形で経費が発生し、最終的には不動産会社に仲介してもらったのと、費用がほとんど変わらないとなりかねません。

現状において、空き家バンクに登録されている空き家物件数は、それほど多くありません。全国規模で2023年2月の時点で1万1528件です（国土交通省「『全国版空き家・空き地バンク』について」〔令和5年2月末〕より）。これに対して全国の空き家物件の数が2018年時点で849万戸あることから考えると、空き家バンクに登録されている空き家の数は0・14%に過ぎません。この利用率の低さが、空き家バンクの利便性の低さを物語っているといえるでしょう。

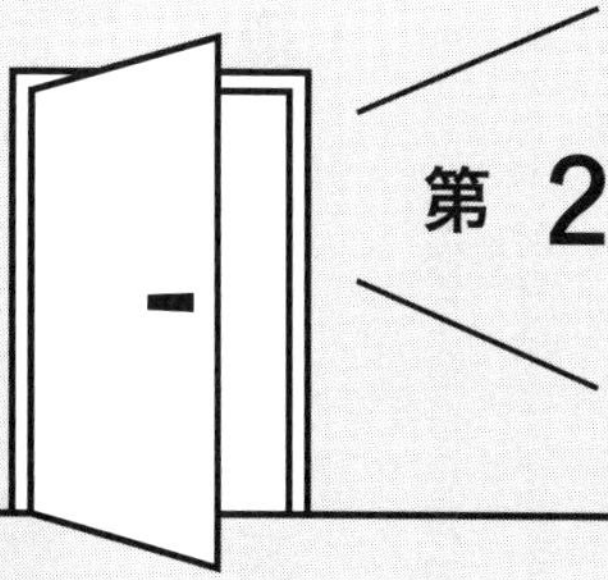

第 2 章

実家じまいの準備とアキサポという選択

第1節　知っておきたい実家じまいの基礎知識

老後に必要な資産活用の形とは

皆さん、「**老後2000万円問題**」を覚えていますか。

65歳から平均寿命まで生きたことを前提にした場合、厚生年金や国民年金などの公的年金の支給額に対して、老後の生活に必要な支出額の差額を計算すると、およそ2000万円程度、貯蓄から取り崩さなければならないという話です。この話を金融審議会というところが公表したところ、メディアが「老後2000万円が不足する」といった短絡的な報道をしたことによって大いに話題になりました。

正直なところ老後の生活は人によってさまざまなスタイルがあるので、一概に「2000万円」という金額で一括りにするのも乱暴な話です。ただ、定年を迎えて働かなくなったら、定期収入は公的年金に頼るしかありません。多くの人は老後に備えて少しでもゆとりのある生活をするため、現役で働いている時から貯蓄をします。

そして公的年金だけでは不足するような支出が生じた時は、その貯蓄の一部を取り崩して生活します。

ただ、ひとつだけ問題があります。貯蓄の取り崩しが進むと、当たり前のことなんですが、貯蓄がどんどん減っていきます。多くの人にとってはこれが怖いんですね。「収入がなくなる」→「貯蓄を取り崩す」→「貯蓄が減っていく」→「お金がなくなったら生活保護？」ということに対する恐怖です。

この恐怖を少しでも抑えるには、**お金を生んでくれる資産を持つことが一番**です。

では、どんな資産を持てばいいのでしょうか。株式なら配当金、投資信託なら分配金、預貯金なら利息といった形で、お金を生んでくれます。でも「株式は値下がりが怖い」、「投資信託も損するかもしれない」、「預貯金は金利が低くてダメ」と悩んでいる人も、結構多いと思います。

そこで注目したいのが「**不動産**」です。

このように言うと、恐らく「でも、家賃が取れるような不動産なんて持っていないし」という反論が返ってくるかもしれません。

確かに親が先祖代々の土地を持っていて、そこにアパートやマンションが建てられ、不動産経営をしているなどという人はごく一部です。

でも自分が子供の頃に住んでいた家が持ち家だったという人は、結構いるのではないでしょうか。別にアパートやマンションは持っていなくても、実家の持ち家を有効活用して、そこから定期収入を得る方法だってあるのです。

第1章でも申し上げた通り、人が住まなくなった空き家は、通常の物件に比べて加速度的に劣化が進行していきます。家屋の老朽化があまりにも激しいと、その不動産は「古家付き土地」として、建物はあくまでも土地のおまけみたいな扱いとなります。建物部分には値段がほとんどつかなくなります。

でも、しっかりと修繕し、管理し続けることができれば、不動産の資産価値を維持することが可能になります。価値を維持できる実家も住居地域にある場合は居住用賃貸として、商店街などの商業地域であれば店舗として、工場地域であれば倉庫等の事業用賃貸として貸し出すことによって、定期的に家賃収入を得られるようになります。初期の改修費さえ払ってしまえば、固定資産税や管理費などの維持コストを家賃で賄えるようになります。

家賃収入が維持コストを上回った場合は、その分が純粋な収入になります。

老後、公的年金以外に収入を得る方法は、だいたい3種類に分かれます。

まず**自身が働く**こと。現在、多くの企業は60歳前後で役職定年となり、65歳まで雇用延長というパターンが多くあります。これからは恐らく70歳まで雇用延長措置を受けるのが普通になるはずです。確かに最近の高齢者は元気ですが、70歳まで会社に縛られて働くのは嫌だという人もいらっしゃるでしょう。

次に今、持っている資産を有効活用して、そこから収入を得る方法になります。そのひとつが**金融資産運用**で、株式や投資信託で運用するわけです。ただし、これらの金融商品は値動きが激しいという問題があります。

もうひとつの方法が**不動産運用**です。

確かに土地の値段こそ変動します。それでも株価に比べれば比較的安定していますし、家賃収入は株式の配当金などに比べて安定しています。もちろん、安定した家賃収入を持続させていくためにはその建物を借り続けたいと思ってもらえるような努力が必要になります。住民や店子《たなこ》が退去した場合は、新しい入居者を探すための広告活動も必要になります。これは結構、不動産を貸す人にとっては負担ですし、多少の知識も必要になります。

でも空いてしまった実家を何に変えれば有効活用できるのかという企画から、借主の管理、家賃支払いなどに関する諸々の事務作業も含めて、すべてをプロが担当してくれるとしたらどうでしょうか。とても便利だと思いませんか。

しかも、一定の期間が経過すると、付加価値を高めた状態で、物件が皆さんの手元に戻ってきます。この、空き家を活用した新しい資産運用法であり、空き家の有効活用法として今、私たちが提供しているのが、「アキサポ」です。「アキサポ」のサービスについては後ほど詳しくお話しします。

いつ当事者になるかわからない空き家問題

では、実家の持ち家を資産として有効活用するにはどのような準備が必要なのでしょうか。まずは、**親が元気なうちに不動産も含めた資産状況について把握すること、実家について将来どうしたいか話し合っておくことが重要**です。

ここで一度、親が急に倒れてしまい意識不明のまま入院してしまった場合にどうなるか、想像してみてください。まずは病院に行き、実子もしくは近い親族が治療契約や手術の同意などの手続きを行わなければなりません。もし実家が遠方であれば会社へ休みを取らなければならず、多額の交通費がかかります。容態や入院期間によっては費用も嵩《かさ》むでしょう。入院費を払うために親の預金を下ろすことになった場合、銀行口座、キャッシュカードの保管場所、暗証番号をあなたは知っているでしょうか。通帳と印鑑を見つけたとしても、窓口では本人の委任状がないと預金は引き出せません。また、親の加入している生命保険会社がわからなければ入院給付金を請求できないということも起こりえます。

では、万が一、**そのまま亡くなってしまった場合**はどうなるのでしょうか。

突然大切な人を亡くした悲しみの中、近親者へ連絡し、葬儀社を選定して葬儀を執り行い、役所へ諸々の届け出を提出しなければなりません。他にも親の使っていた公共料金等支払いや定期サービスの解約など、慌ただしく手続きに迫られることになります。

そして遺産相続の手続きのため、親の持つ財産を速やかに洗い出さなければなりません。親の持つ株式、債券、投資信託などの有価証券や不動産、また、借金の有無をどのくらい把握していますか。もし、親に借金があった場合は相続放棄も検討しなければならないですが、相続放棄の期限は原則、相続を知った時から3カ月以内となっています。相続財産の調査はできるだけ早めに着手しなければならないです。なお、遺言書がある場合は、原則として遺言に従いながら遺産相続手続きを進めることができます。

このように、もしもの事態を想定する限りでも、親について知らないことが多かったのではないでしょうか。特に**相続の手続きは心身ともに疲弊したなかで相当なエネルギーが必要になる**と言われています。不謹慎だと考える気持ちもわかりますが、いざという時に慌てないためにも、できれば元気なうちに、一度家族で財産状況や将来の意向について話し合っておくことをお勧めします。

とはいえ、普段はなかなか聞きにくいお金の話題です。切り出すタイミングも難しいと思います。警戒されたり不信感を持たれたりすると、聞き出すのが難しくなる可能性もありえます。そのため、親の性格や状況に合わせながら、アプローチを変えることをお勧めします。相続に関するニュース、身近な人の入院や相続で困った実例を交えながら、話すのも効果的かもしれません。

一例として、当社の配布する**オリジナルエンディングノート**は、終活のネガティブなイメージにならないよう、実家の将来設計を家族で行うことを名目にしています。「親の将来」ではなく「家の将来」について、話し合いを持ちかけるのです。「この家を将来どうしたいか」と親の要望を聞き出し、所有不動産などの情報整理をノートを使って話し合うことをひとつの方法として、提案しています。

また、遠方に実家がある場合は、お盆休みやお正月の帰省時に家族が集まったタイミングで話し合えるとよいでしょう。事前に兄弟姉妹で打ち合わせをしておくと、協力し合ってフォローできるかもしれません。

相続した不動産が空き家になることが最も多い

次に、先ほどの続きとして、親が亡くなった後に起こる相続と実家のことに少し触れておきたいと思います。

同居する家族がいたら、相続登記が発生する程度でそこまで大きな問題は生じません。心の整理ができるまでは遺品などはそのままにしておいてもよいですし、四十九日後、一回忌、法事など親族が集まるタイミングで、形見分けするものと処分するものを整理することも考えられます。

問題は親が一人住まいであった場合です。もし、親が賃貸物件に住んでいたのであれば、家賃を支払い続けることにならないよう、速やかに遺品を整理したうえで退去手続きを行うことになるでしょう。

親が持ち家でひとり暮らしをしていた場合は、これまで暮らしていた家財道具などを残したまま家は無人になってしまいます。自身が育った実家であれば思い入れもありますし、今すぐに使う予定がなくとも**しばらくはこのままにしておきたい**という気持ちになるでしょう。なかなか気持ちに区切りをつけられないと、親の遺品整理をするのもすぐには手を付けられないかもしれません。

しかし、**空き家が発生する原因として最も多いのが、このように相続で不動産を取得した場合**です**（図表1）**。

遠方に住む親が亡くなり、子が実家を相続したもののなかなか時間をとって帰ることもできず、**遺品の片付けや家の管理にも手が回らぬまま空き家と化してしまう**ケースは非常に多いです。

また、不動産は他の相続財産と比較すると分割が難しいことが要因にもなっています。**相続財産の分け方は主に現物分割・代償分割・換価分割、共有の４つ**になりますが、実家

図表1　空き家の取得経緯

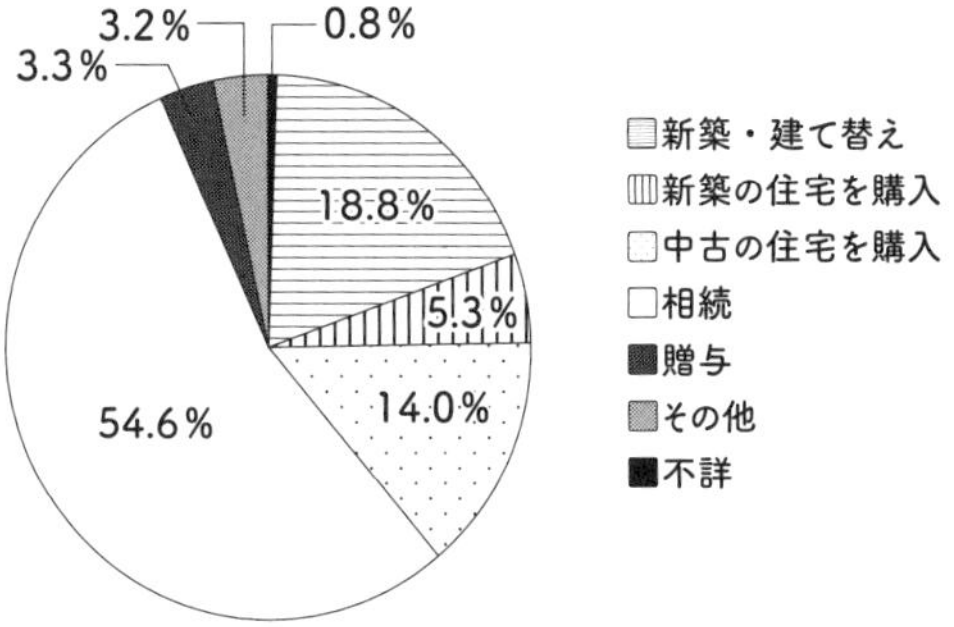

「相続」が 54.6%と最も多く、次いで「新築・建て替え」が 18.8%、「中古の住宅を購入」が 14.0%、「新築の住宅を購入」が 5.3%となっている。（n＝3,912　単位：%）

「令和元年空き家所有者実態調査」（P46　図55）より転載。

はどのように相続するのかイメージしてみましょう（**図表2**）。

現物分割の場合、実家、預貯金、株式などをそれぞれの相続分で取得できるのであれば問題は起こりません。しかし、相続財産を相続分通りにうまく分けることは現実的には難しく、財産の価値に偏りがあったり公平性に欠けたりする相続になってしまう可能性があります。

代償分割は、実家を現物として取得した相続人が残りの相続人に代償金を支払い、各相続人が取得する財産の額を法定相続分通りになるように調整する方法です。そのため相続人に代償金の支払能力がない場合には代償分割は適していません。また、不動産の評価方

図表2　相続財産の主な分け方

現物分割	相続財産を現物のまま分割する方法
代償分割	特定の相続人が相続財産を相続し、他の相続人に代償金を渡す方法
換価分割	相続財産を売却し、その売却した代金を分割する方法
共有	相続財産を共有で相続する方法

法についてもトラブルが生じる可能性があります。

次に換価分割ですが、実家を売却して得た金額をそれぞれの相続人へ相続分通りに配分する方法です。実家が簡単にすぐ売却できればよいのですが、地方の過疎化したエリアの場合はなかなか買い手が見つからず、**売りたくても売れない、いつ売れるかわからない**という可能性があります。また、売却手数料などにより分与できる財産が減ってしまうというデメリットもあります。

最後に相続財産を分割せずに、共有名義にするという方法もあります。一見、相続人同士の争いごとも起きなそうでよい方法に思えるかもしれません。しかし、実は不動産の共有はお勧めできません。

自分以外に共有者がいると、実家を売却する際に全員の同意が必要になるため、柔軟な対処ができなかったり共有者からさらに相続されていくことで共有関係者が増えたり

図表3　相続財産の金額の構成比の推移

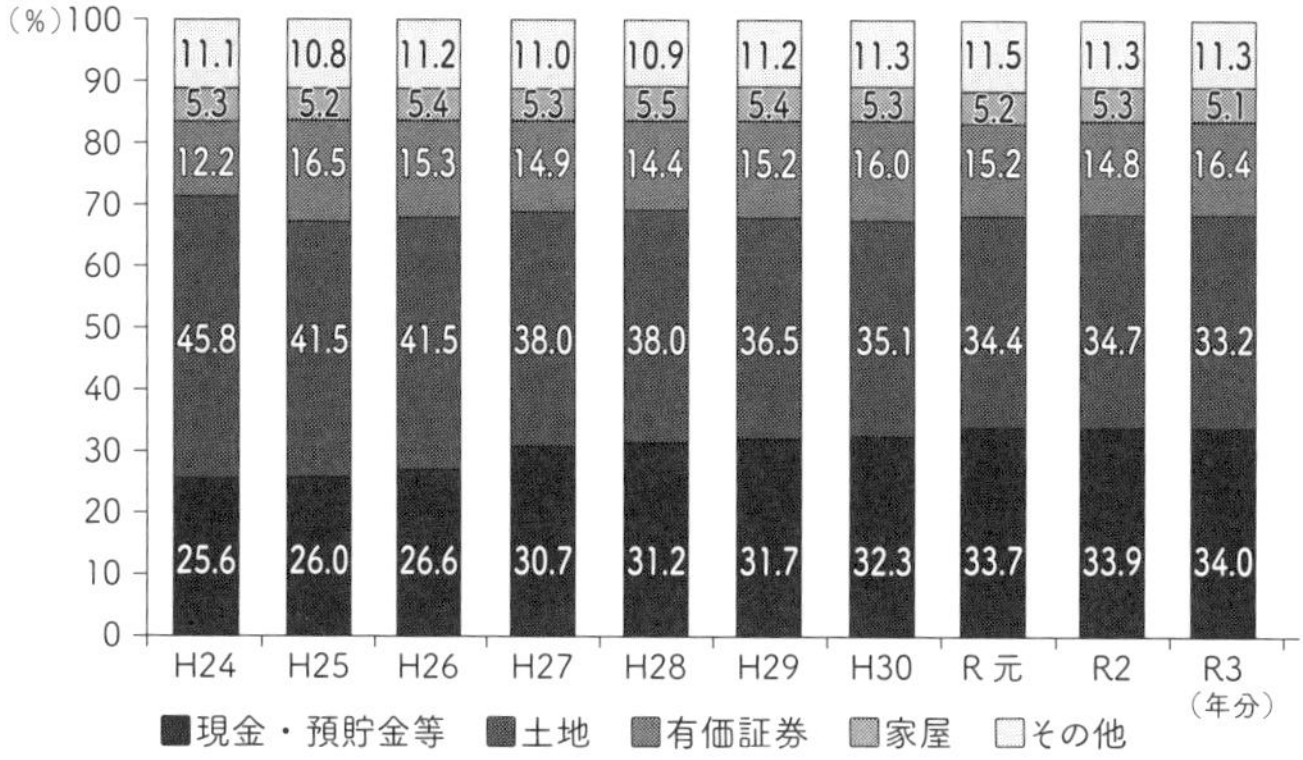

（注）上記の計数は、相続税額のある申告書（修正申告書を除く）データに基づき作成している。

国税庁「令和３年分相続税の申告事績の概要」より転載。

してしまい、複雑な権利関係の解決が難しくなってしまうからです。実際、私たちも権利関係が複雑になったご実家のご相談を受けることはありますが、**共有者同士で話し合いができていなければ手の出しようがありません**。一度名義変更すると後から戻すことは困難です。共有名義にする際には、今後支障が生じないか慎重に検討する必要があります。

　また、相続財産については、近年現金や預貯金等の割合が増加傾向であるもののいまだに**４割程度は土地と建物**となっています（**図表３**）。皆さんが不動産を相続する可能性は高いのですから、決して他人事ではないでしょう。いつかあなたは当事者として、相続人にも被相続人にもなるのです。

実家じまいの準備

「実家じまい」という言葉をご存じでしょうか。前述したような経緯で実家を相続したり、親が高齢になり病院や施設に入居したりしたことで空き家になってしまった実家を整理してたたむことです。最近よく耳にするようになりましたが、この「実家じまい」は基本的に「売却」「解体」によって実家を処分することを指すケースが多いです。

第1章でも少し触れましたが、売却は主に「建物を残したまま古家付き土地として売却」または「建物を解体し更地として売却」の2パターンになりますが、それぞれメリット・デメリットがあるため、自身に合った方法を慎重に選択しましょう**（図表4）**。

なお、相続した空き家を売却する際、空き家の発生を抑制するための特例措置として適用要件を満たしていれば**3000万円の特別控除**が受けられ、譲渡所得税の負担を軽減できます。主な要件は、次のようなものです。

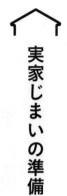

図表4　実家じまいの方法

売却の方法	メリット	デメリット
建物を残したまま古家付き土地として売却	・解体費がかからない ・固定資産税を節税できる	・買い手が見つかりにくい ・瑕疵担保責任※を負わなければならない
建物を解体し更地として売却	・買い手がつきやすい ・古家付きより高値で売却しやすい	・解体費がかかる ・古家付き土地と比較すると固定資産税が高い

※瑕疵担保責任：買い主へ引き渡された物に引き渡し時にはわからなかった瑕疵（欠陥やきず）があった場合、売り主が買い主に対して負う責任のこと

・昭和56年5月31日以前に建築された建物とその敷地（区分所有建物を除く）であること
・相続開始直前まで被相続人が1人で居住していたものであること
・相続時から売却時まで事業用、貸付用、居住用として利用されていないこと
・相続時から3年後の年末までに売却していること
・第三者に売却していること
・売却金額は1億円以下であること
・リフォームなどにより耐震基準を満たしているまたは更地で売却すること
・同じ被相続人の相続について、すでに空き家特例を利用していないこと

空き家の譲渡所得の3000万円の特別控除は、現状2023年までの暫定的な特例となっています。もし実家の売却について検討している場合はこの措置が今も有効であるか、また要件を満たしているか確認をしましょう。

このような実家じまいにあたっては売却しやすくするため、もしくは3000万円控除の要件を満たすために実家を解体しなければならないケースも起こります。しかし、そんなに簡単に実家の解体を決断できるでしょうか。自分たちが生まれ育った場所を手放したり、取り壊してしまったりすることは寂しく精神的にもつらいことです。思い出がある荷物の処分には費用も時間も膨大にかかるでしょう。せめて心の整理ができるまでは、しばらく建物は残しておきたい。売却は数年後にまた検討したい。そう考えるのは当たり前のことだと思います。そこで、「実家じまい」についても、売却や解体による処分をするのではなく、建物の有効活用を提案するのが「アキサポ」です。

新しい空き家対策「アキサポ」とは

ここまで、新たな資産運用や新たな実家じまいの方法としても「アキサポ」が有効であるとお伝えしてきました。このサービスは、空き家の所有者から空き家を借り上げて、改修工事を全額、私たちが負担して建物を再生し、これを第三者に転借するか、もしくは私たちが自社利用させていただくというものです。つまり、空き家対策であるのと同時に、空き家の有効活用にもつながります。

こうして空き家の資産価値を向上させたうえで、あらかじめ決められた一定期間が経過したら、リノベーションされた建物は所有者のものになります。

「アキサポ」で資産価値が上がると言われても、どうも怪しい、本当にそんなうまい話があるの?と思われるかもしれません。もちろん私たちは民間事業者ですから、私たちの利益が生まれるくらいの長期間、たとえば5~10年で空き家をお借りします。

もし、その同じ長期間、空き家をそのまま放置しておいたらどうなるでしょう?

何もせず放置しておけば、建物の価値は落ちます。これは断言できます。仮に建物価値が1000万円とすると、5~10年後には700万円くらいに減額してしまう可能性が高いのです。

建物というのは、定期的な掃除、修繕をすることによって、新築時からの劣化をなるべく遅らせることができます。人が住まなくなった家はこまめな手入れをすることが難しく、劣化や老朽化が早くなってしまいます。

建物の価値をはかるうえでよく使われる指標として「**法定耐用年数**」という指標があります。これは、固定資産の減価償却費を算出するために税法で定められた年数のことで、一般的に「耐用年数」というと法定耐用年数を指すことが多いです **(図表5)**。

たとえば木造家屋の法定耐用年数は22年とされていますが、この法定耐用年数は税務上の決め事なので、20年以上も住み続けられる性能を持った家屋が多いです。50年、100年続く伝統の木造家屋が多数存在していることは皆さんもご存じかと思います。

また、「**物理的耐用年数**」という指標がありますが、これは、物理的原因や化学的要素により建物の構造材が劣化する耐用年数であり、工学的な判断をベースに決定される年数をいいます。この指標も、建物を建てる工事業者や気候、木材の種類、メンテナンス状況によって、物理的原因や化学的要素も異なるため、あくまでも建物として役割を果たす目安でしかありません。

もうひとつの指標として、「**経済的耐用年数**」という指標があります。物理的や機能的な視点に市場価値を加えた耐用年数のことで、簡単にいえば、不動産市場で売買される価値がある期間のことです。建物の市場価値は、立地・間取り・見た目・メンテナンスなど

図表5　法定耐用年数

木造	22年
軽量鉄骨プレハブ造（骨格材肉厚３mm以下）	19年
軽量鉄骨プレハブ造（骨格材肉厚３mm超４mm以下）	27年
重量鉄骨造（骨格材肉厚４mm超）	34年
鉄筋コンクリート造	47年

によって変わるため、経済的耐用年数は需要があれば長くなり、需要がなければ短くなります。

木造住宅をはじめとする日本の中古住宅は、欧米と比べて市場での需要が低いため、経済的耐用年数は短くなりやすい傾向となっています。

法定耐用年数は、家屋の構造で決まっているため個人の意向でどうなるものでもないのですが、経済的耐用年数は建物を定期的にメンテナンスすることで長く引き伸ばすことが可能です。建物の寿命や価値は築年数だけで判断せず、建物の利用状況や管理してきた状況が大切なのです。だけども住む予定がないからメンテナンスするお金も時間もかけられない、結果そのまま放置してしまっている。これが空き家が増え続ける要因の一つになっています。

先の例に出した建物価値１０００万円の物件の場合、放置していると建物価値は７００万円に減額してしまいますが、「アキサポ」に預けると、そうはなりません。

所有者の金銭負担なしで私たちが改修工事を行い、建物利用の転貸を行います。さらに借上契約期間中も定期的に建物維持のための修繕・メンテナンスを行います。**契約期間の終了時にはそのまま建物を貸し出せる状態でお返し**しますので、たとえば月額家賃15万円もらえる物件であれば年間180万円の賃料収入が所有者のもとに入ります。利回り10％の収益物件として売り出した場合1800万円の売買価格で売却でき、800万円の利益上積みとなります。

両親と過ごした思い出があるので、実家は手放したくないとおっしゃる方もいます。アキサポをご利用いただけたら、手放すことなく自分の資産として建物ごと保有し続けることができるのです。今すぐ売却には踏み切れないけど、いずれ検討したいという方であれば、アキサポでの利活用終了後に、改めて売却を検討することもできます。

もちろん、こちらとしてもビジネスとして手掛けているので、どのような空き家でもお引き受けできるというわけではありませんが、空き家対策のひとつには確実になれると考えています。

アキサポのメリットについて簡単にまとめておきましょう**（図表6）**。

①コストゼロで所有不動産の資産価値を向上できます。リノベーションに必要な費用は原則全額、アキサポが負担します。
②アキサポで私たちが借り上げた物件については、一定期間後に貸主のもとにお返しします。手元に戻ってきた後は、そのままリノベーションした後の建物を利用できます。思い入れがある物件を手放さずに済みます。
③安定収入が得られ、建物維持管理の負担もありません。賃貸中の建物管理や近隣トラブルについてはアキサポがすべて代行します。
④空き家の解消によって地域貢献につながります。特に店舗や施設の場合は、そこが地域住民のコミュニティになり、街の活性化に寄与できます。

一方で、デメリットについてもお伝えすると、まず**契約期間中は相場賃料より低い金額で私たちに物件を貸していただく**ことになります。これは所有者にリノベーション費用を負担させないために必要な条件です。私たちの事業モデルは、借りる賃料と貸し出す賃料

図表6　アキサポのメリット・デメリット

メリット	1	**金銭負担なしで所有不動産の資産価値向上** リノベーション費用などはアキサポが負担
	2	**売却せず一定期間経過後に戻ってくる** 建物を手放さない選択ができる
	3	**安定収入が得られ、建物維持管理の負担なし** 賃貸中の建物管理・近隣トラブルもおまかせ
	4	**街の活性化につながる** 地域住民の集う場所になる（店舗や施設の場合）
デメリット	1	**契約期間中は相場より賃料が安い** 賃料の差額でリノベーション費用を投資回収している
	2	**原則、契約の中途解約ができない** ※ただし、ご売却希望の場合などはご相談ください

の差額で投資したリノベーション費用を回収しなければならないからです。ただし、**所有者が自費でリノベーション費用をいくらか出したいということであれば賃料の調整は可能**となります。

もうひとつは、原則**契約の中途解約はできない**ことです。これは、双方で決めた契約期間に合わせて事業計画を立てているため、途中で解約が生じると、その事業計画自体が成り立たなくなってしまうからです。しかし、比較したうえでも**所有者への精神的・金銭的なコストゼロでリノベーションができることのメリットは非常に大きいはず**です。

アキサポの基本的なしくみとトータルサポート

アキサポは、これまでにない新しい空き家活用法といえます。なぜなら不動産を扱っている事業者で、空き家を対象にした事業を展開しているところは現時点においても数少ないからです。

不動産ビジネスの世界では、アパートやマンション、オフィスビルなどを持っている不動産の所有者からこれらの物件を借り受けて、そこへの入居を希望する人や企業に転貸するしくみが昔からあります。このしくみを活用すると、不動産の所有者は自力で物件の管理や入居者対応、物件の広告などを自分で行わなくても、転貸する事業者がそれらの面倒な手続きや手間を代行してくれるので、とても楽に不動産活用ができます。そして、これを空き家に応用したのが、私たちが提供している「アキサポ」というサービスです。

空き家を所有している人が誰かに貸そうとすると、本当に大変です。特に築年数が古い家になると、なおのことでしょう。内装や間取りが現代の生活スタイルにそぐわないうえ、水回りなど設備も古い家に借り手を付けるためには、まずその家を改修工事したり建て替えたりする必要があります。それにはとてもお金がかかります。それを考えると空き家を誰かに貸し出すにも、二の足を踏んでしまうのではないでしょうか。

また、幸いなことに借り手が付きそうな物件だったとしても、自分で賃貸経営を行う場合、入居者の募集や選定、手続き、物件の管理などを自分で行わなければなりません。これは非常に手間がかかります。

こうした面倒な作業をすべて私たちで代行するのが、アキサポなのです。

ただし、これまで誰かが住んでいた家が空き家になったからといって、それを再び人が住む家として貸し出せるかというと実際はそうでもありません。なぜなら周辺の環境変化にともなって、もはや住居としてのニーズがない場所かもしれませんし、ひょっとしたら住居以外の別な物件に替えたほうが、借り手が付きやすいケースも考えられるからです。

「住宅地の中にあるため、シェアハウスに向いている」
「オフィス街に近いため、シェアオフィスに向いている」
「古民家風の建物を活かした宿泊施設と相性が良い」

など、**空き家は一軒一軒、相性の良い活用方法を考えることが重要**です。

とはいえ、どのような使い道がベストであるかを適切に判断するには、市場調査や分析において専門的なノウハウが求められます。こうした調査・分析を、空き家所有者が単独で行うのは難しいけれども、アキサポであれば十分に可能です。調査・分析をもとに空き家の使い道を検討するため、場合によっては住居だったものをまた住居として使うのではなく、**住居からシェアオフィス**などというようにまったく別の用途が適しているという結論に達することもあります。

その場合、空き家を用途に合ったものに改修する必要があります。その工事に必要な資金は、基本的に私たちの費用負担となります。そして、その工事にかかる費用、その建物に入居してくれる人を探したり、賃貸管理をするのに必要なコストは、入居者からいただく家賃の中から月々、私たちが頂戴する形になります。

つまり空き家を持っている方は、それをそのまま私たちに定額で貸していただくだけで、コストゼロで収益が得られるような建物になるのです。

そして私たちが負担したさまざまなコストが回収できるだけの期間が過ぎたら、その物件をそっくりそのまま空き家所有者にお返しします。空き家所有者に物件が戻るまでの期間は、物件の内容にもよりますが、3～15年程度と見ていただければ良いでしょう。以上が、アキサポの基本的なしくみになります。

空き家を何か別のものにつくり変えて、収益が実現する可能性があるものについては、空き家を相談してくれた所有者が満足できる結果につながるように、最大限の努力をしていきます。ですから現実問題として今、空き家になりそうな物件を持っている人は、利活用できるかどうかを自分で判断するのではなく、まずは一度、私たちに相談してみてください。もし、利活用に適した物件ではなかった場合でも、解決に向けたご提案をさせていただきますので、そこから新しい道が切り開かれる可能性は十分にあると考えています。

これまで、老朽化により倒壊の危険があり建物を残すことができない空き家や、入居者を見つけるのが困難なエリアにある空き家のご相談も受けてきました。

しかし、当社には不動産事業として利活用以外にも豊富な実績がありますので、空き家のあらゆる課題解決に向けた対応体制が整っています。そのため、物件の状況と所有者のニーズに応じて、活用、維持管理、売買および賃貸仲介、買取、解体、土地活用などすべてにおける最適な提案をワンストップでサポートをすることができるのです（**図表7、8**）。

図表7　アキサポのトータルサポート

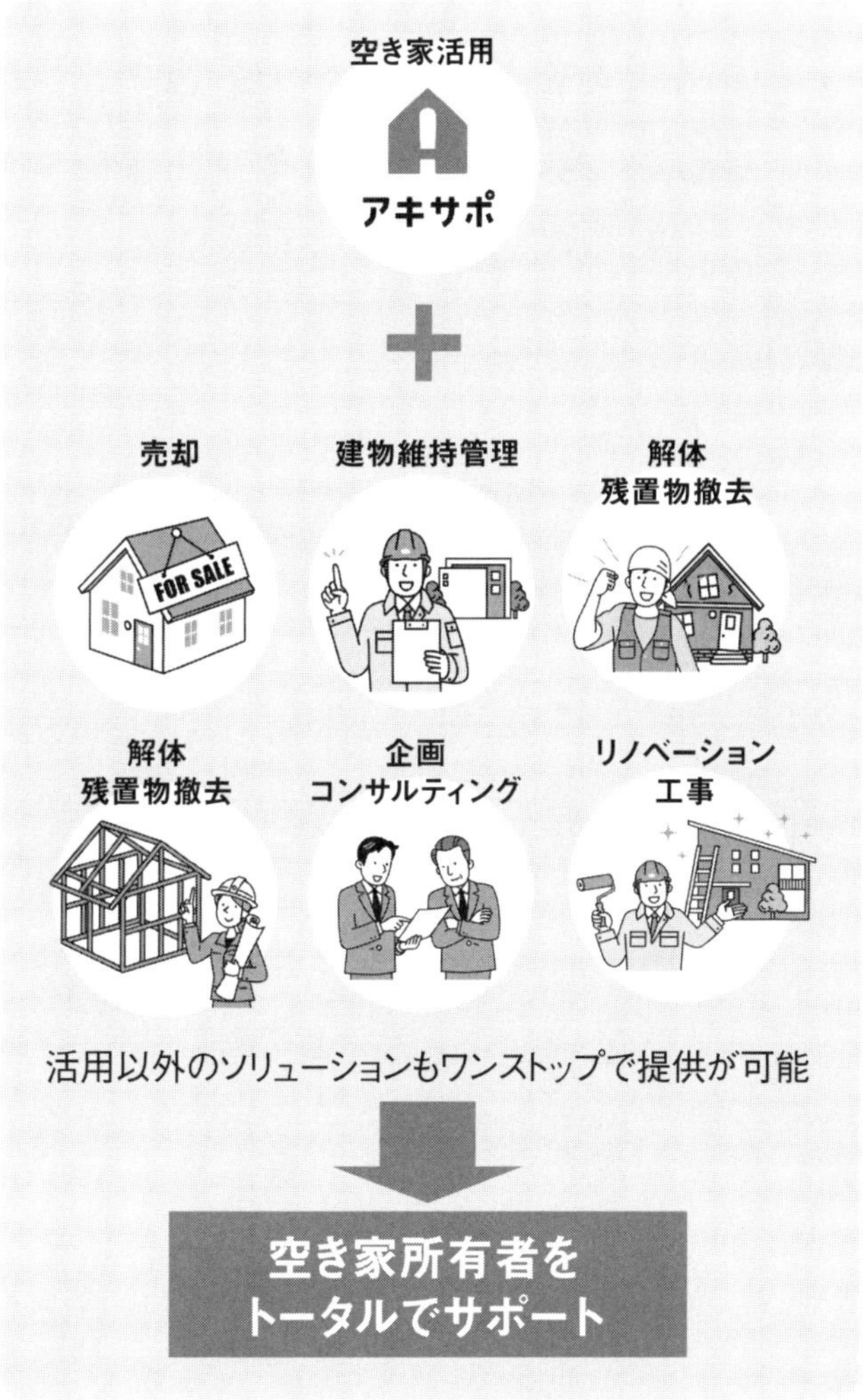

図表8　アキサポの空き家診断チャート

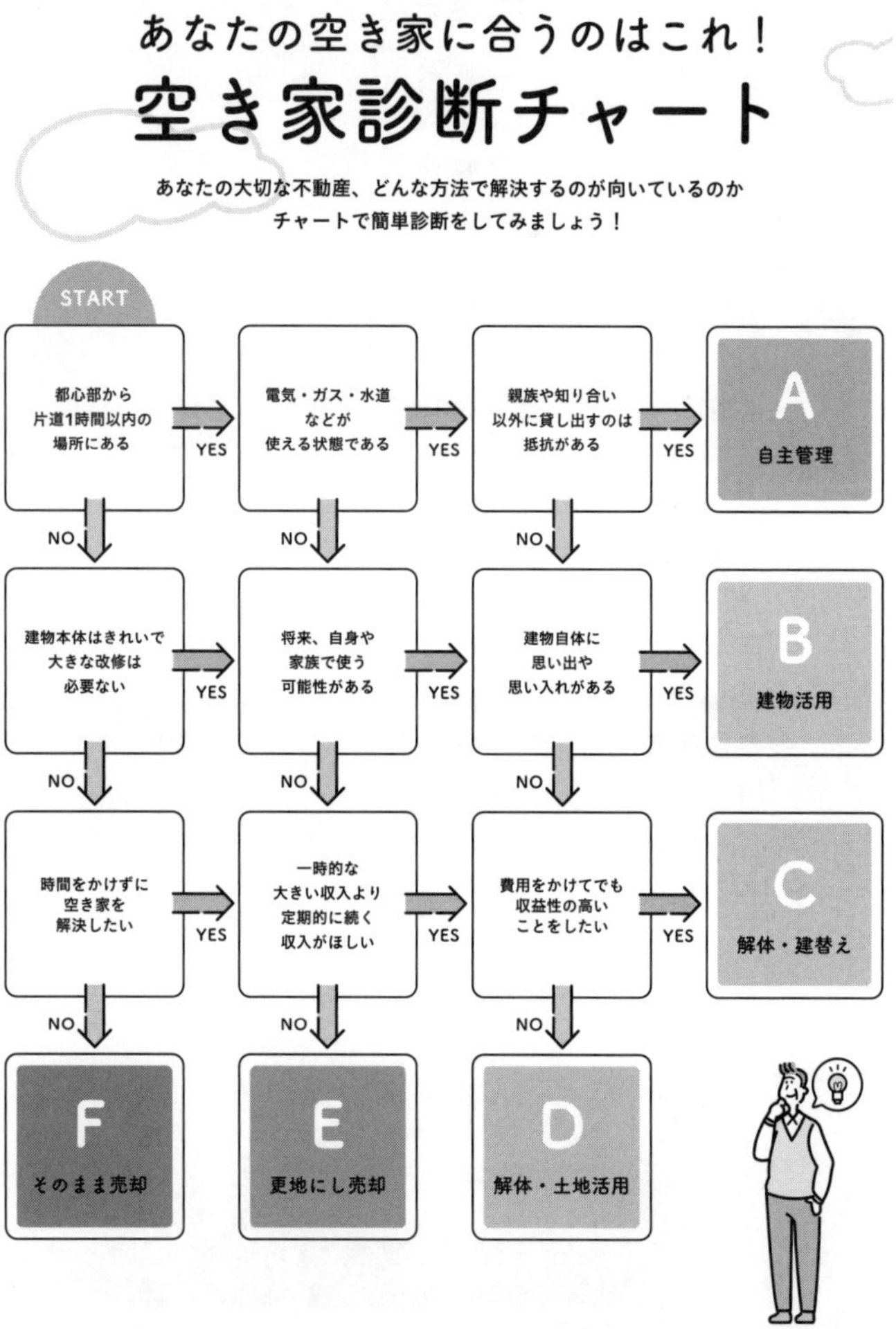
あなたの空き家に合うのはこれ！
空き家診断チャート
あなたの大切な不動産、どんな方法で解決するのが向いているのか
チャートで簡単診断をしてみましょう！
START
都心部から片道1時間以内の場所にある
電気・ガス・水道などが使える状態である
親族や知り合い以外に貸し出すのは抵抗がある
建物本体はきれいで大きな改修は必要ない
将来、自身や家族で使う可能性がある
建物自体に思い出や思い入れがある
時間をかけずに空き家を解決したい
一時的な大きい収入より定期的に続く収入がほしい
費用をかけてでも収益性の高いことをしたい
YES
NO
A 自主管理
B 建物活用
C 解体・建替え
D 解体・土地活用
E 更地にし売却
F そのまま売却

A 自主管理

自分で定期的に赴く
or 業者へ委託する

ケース

今後、自身や家族が利用する可能性がある場合

メリット

定期的なメンテナンスをすることによって建物の劣化を防ぎ、資産価値を保つことができる。

B 建物活用

民泊、シェアハウス、シェアオフィスなどに転用して貸出し

ケース

建物自体が利用できる場合

メリット

賃貸経営による家賃収入が得られる。

思い入れのある建物を残しておける。

賃借人が室内の手入れをおこなってくれる。

C 解体・建替え

戸建、アパート、店舗などに
建替えして貸出し

ケース

建物の老朽化が激しい場合
資金に余裕がある場合

メリット

賃貸経営による家賃収入が得られる。収益性が高いものを計画できることもある。

D 解体・土地活用

駐車場や貸農園、
自販機設置スペースとして貸出し

ケース

建物の老朽化が激しい場合

メリット

なるべく費用をかけずに土地を有効活用でき、賃料収入を得られる。

建物老朽化のリスクがない。

E 更地にし売却

ケース

早く売却をしたい場合
建物の老朽化が激しい場合

メリット

更地の方が買い手がつきやすいため、早く売却できる傾向にある。建物の不具合について責任を負うことがなくなるので、トラブルのリスク軽減。

F そのまま売却

ケース

費用をかけずに売却したい場合
中古住宅または古家付き土地として売却する場合

メリット

解体費用がかからず、負担が少ない。早期に売却できない場合も、固定資産税や都市計画税の軽減措置を受けることができる。

column

老朽化した空き家はどうしたらよいですか？

倒壊の危険があったり、近隣に迷惑をかけているものは、すぐにでも片付け、改修、解体に向けて対処しましょう。市区町村によっては改修や解体の補助金が申請できることもありますので行政の窓口へ相談してみましょう。

また、水道・電気・ガスなどのインフラ設備が老朽している場合、新たに引き直しが必要になる可能性があります。そうなると多額のリフォーム費用がかかることを想定しなくてはなりません。

売却や貸出しを検討する場合は、空き家の取り扱い実績のある不動産会社やリフォーム会社へ相談してみましょう。

第2節 空き家の活用法

ここまで読まれた皆さんは、きっと「空き家が何に変わったの？」って思っているでしょう。

実際、どういう空き家が何に活用されているのか、その具体的なストーリーについては第3、4章に譲ります。ここではまず、空き家の活用法を挙げてみたいと思います。

生活用途の活用法 その1

シェアハウス

ひとつの物件を複数の入居者に貸し出して運用するシェアハウスは、空き家活用法の新たな手段として、多くの空き家所有者から注目されています。大きな戸建てや部屋数の多いマンションの一室を複数人で借りて、個人専用の部屋を設けつつ、風呂・トイレ・キッチンなどの共用スペースは入居者同士で共同利用するのがシェアハウスの基本形です。家族以外の他人が何人かで同居する場所と考えてください。

「シェアハウス」という呼称は、法律で明確に定義されているわけではありません。最近の日本では「長期的に生活する賃貸住宅をシェアハウス」、「短期的に貸し出す宿泊施設をゲストハウス」と分けるのが一般的です。

賃貸住宅を友人・知人同士で一緒に借りて住む形態としては、「ルームシェア」もあります。このルームシェアは友人同士などが何となく「一緒に住もう」ということになり共同生活を営むもので、生活上のルールや家賃の分担なども当事者間で決めます。一方、シェアハウスは、運営側が各入居者と契約を交わして生活上のルールも運営側が定めています。

入居者は、パーソナルスペースは狭いものの、賃料が割安だったり共有の家具や家電が備え付

シェアハウスでの活用例（神奈川県茅ヶ崎市）

けられていたりするため、入居する際の準備、費用などの負担が軽くて済みます。そのため特に20代から30代の単身者にシェアハウスは人気があります。

シェアハウスの利用者は若い単身者が中心なので、そういう人たちが大勢集まっているようなエリアに多くみられます。

生活用途の活用法 その2 バイクガレージ・駐車場

建物がもう改修しようがないほど老朽していたり、あるいは住居ではなく**廃工場**だったりした場合、屋内型や屋外型のバイクガレージや自動車の駐車場に造り変えることもあります。バイクガレージや駐車場は月極《つきぎめ》（1カ月ごと）、あるいは時間で貸すのが一般的です。

バイクガレージには盗難に遭わないようにするためのセキュリティ設置、時間貸し駐車場には料金を徴収するための装置が備え付けられています。

事業用途の活用法 その1 カフェ

空き家の活用方法として、「カフェ」は高い人気があります。

たとえば、古民家の活用の人気業態に宿泊施設がありますが、「古民家カフェ」も人気があります。**カフェの場合は始める必須条件は「飲食店営業許可」のみ**で、消防設備の設置基準も宿泊施設より緩いです。あえて改修する箇所を抑え、**古民家の雰囲気をコンセプトにする**こともできます。昔ながらの日本家屋が好きな層をターゲットにするなら古民家カフェ、オシャレな雑貨が好きな層をターゲットにするならカフェ兼雑貨屋という選択ができます。

地域にカフェができると、そこで生活している人たちから好意的に受けとめられるケースが多いようです。周辺にカフェのような「ちょっと立ち寄れる場所」がない場合、その地域の交流の場として多くの方がリピーターになる可能性があります。

交流の場は地域の方に喜ばれます。地域の関係が希薄になりつつある今だからこそ、カフェという居心地の良い場所を介して多くの方がつながれる機会が求められています。

事業用途の活用法 その2

トランクルーム

トランクルームは**設置が簡単、経営を始める際の投資額が少ない、需要が高い**という特徴のある空き家の活用方法です。

トランクルームとは物を収納するスペースを貸し出すサービスのことで、屋外にコンテナを設置して貸し出す「屋外コンテナ型」と、建物の中に収納スペースをつくって貸し出す「屋内型」があります。契約形式は月額制が多く、1人につき月々の賃料でトランクルーム1室を貸し出します。特に大都市のマンションでは、家に入りきらなくなったモノをトランクルームに預けたいといったニーズが結構あります。

屋外コンテナ型は、空いている土地にコンテナを設置して貸し出すタイプです。施工は通常の倉庫建築よりも簡単で、コンテナを設置するスペースさえあれば、トランクルーム運営会社からコンテナを購入したり借りたりして設置します。設置期間は、施工が2~3週間、各種申請手続きを含めても2~3カ月程度です。

一方、屋内型は、建物内にトランクルームを

トランクルームの例（墨田区東向島）

整備して貸し出すスタイルです。建物自体を工事するわけではなく、設置型のボックスや、パーティションのようなパネルなどを用いてトランクルームをつくります。

また屋内型には、ロッカーのような小さなスペースを貸し出す形式もあり、主に小物や本、CDなどを収納する使い方ができます。

もともとの建物を利用するため、その構造によってはトランクを設置できないケースもあります。

つまり、空き家をトランクルームとして活用する場合、空き家を壊して新しくトランクルームを建てるか、空き家をそのまま活用するかのいずれかになります。

空き家を取り壊してトランクルームにする時、建物が一般的な一軒家である場合や老朽化が著しい場合には、大がかりな建築工事が必要になります。一方、空きビルや空き店舗の場合は、空き家をそのままトランクルームに活用できます。既存の建物を利用できるので、改修工事や修繕費などのコストをかなり節約でき、初期費用を安く抑えられます。ただし空き家の規模や構造がトランクルームに適していなければなりません。

またトランクルームは人が住むところではないので、多少建物が古くても需要はあります。また、家の面積が少ない傾向にある都市部では需要が高い傾向にあります。

屋外型トランクルームにするためにコンテナを設置した場合、そのコンテナは建築物としての取り扱いになるため、建築基準法に基づく「建築確認」が必要になります。

またトランクルームを**屋外に設置する場合は、「都市計画法」による制限**もあります。

事業用途の活用法 その3 シェアオフィス・シェアキッチン・シェアカフェ

新型コロナウイルスの感染対策を経て、テレワークをはじめとした多様な働き方を導入する企業が急速に増加しています。テレワークは、ＩＣＴ（情報通信技術）を利用して、時間や場所を有効活用できる働き方です。自宅を就業場所とする在宅勤務、労働者が自由に就業場所を選択できるモバイル勤務、企業が借りているサテライトオフィスやシェアオフィス、コワーキングスペースなどを利用する施設利用型テレワークなどの種類がありま す。そのような多様な働き方と相性の良いサービスとして注目されているのが、**シェアオフィス**です。シェアオフィスといえば、かつては都市部に利用者が集中しがちでした。しかし、ここ数年は郊外でのニーズが高まっており、空き家所有者の間でも活用方法のひとつとして注目されています。

シェアオフィスとは、ひとつのオフィスフロアを個人もしくは企業がシェア（共有）して利用するものです。通常、オフィスを借りるには賃貸借契約を結ぶ必要があり、まとまった初期費用がかかるだけでなく、賃料・設備代・備品代などさまざまなコストは、借主が負担する必要があります。これに対してシェアオフィスは、ほとんどの場合、使用時間に応じて料金を支払うか、毎月定額で支払うかのいずれかを選択できるため、初期費用と賃料を大幅に抑えられます。加えてインターネット回線・水道光熱費・消耗品費といったコストも利用料に含まれているため、利用者はランニングコストを抑えやすいのも魅力です。

最近は、シェアオフィス以外にもさまざまな形態の「オフィス」が増えています。簡単にその違いを整理しておきましょう。

・**サテライトオフィス…**企業・団体の本拠地から、物理的に離れた場所に設置するオフィスのこと。支社や営業所といった本格的な設備が整っている拠点とは異なり、「本拠地と同様の業務ができる仕事場」のような特性を持つため、日々の業務に必要なシンプルな設備とスペースだけを用意した、小規模なオフィスです。

・**レンタルオフィス…**別名「貸しオフィス」とも呼ばれ、オフィスフロアの一部を個室スペースとして貸し出すタイプのサービス。個人・企業が賃借するオフィスの総称として用いられる場合もあります。

・コワーキングスペース…「Co（共同で）Working（仕事をする）」という言葉通り、特定の専有スペースを提供するのではなく、「空いているデスクを共同で自由に使う」タイプのサービス。オープンスペースを、状況に応じて利用するため、利用者同士でコミュニケーションを図りやすいというメリットがあります。

このように、さまざまなオフィスの形態があるものの、法的に定義が明確になっているわけではありません。そのためコワーキングスペー

オフィスの例（渋谷区渋谷）　Photo：Akira NAKAMURA

スをシェアオフィスと称するケースもあり、そこはかなり線引きが曖昧といってもよいでしょう。

料理人、菓子職人、パン教室、デリバリーのみのゴーストレストランに時間単位で自由に使えるキッチンとして貸し出す**シェアキッチン**、複数のカフェ事業者にカフェ設備を曜日ごとに貸す出すシェアカフェというシェアスペースの活用法もあります。

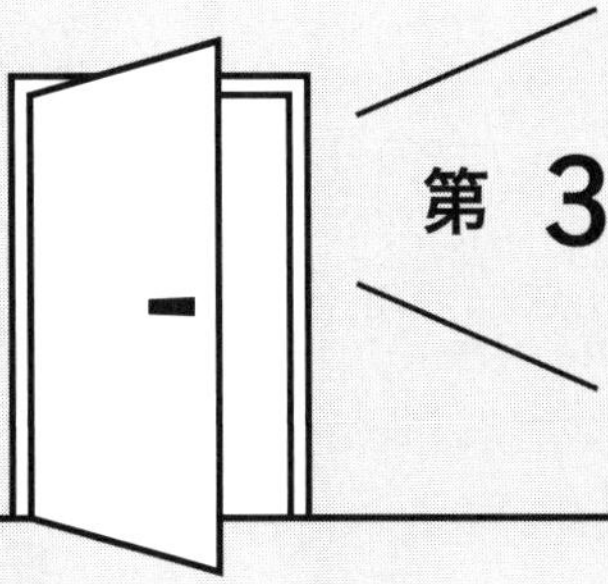

第3章

空き家活用事例集❶

生活スペースへのリノベーション

戸建て

10年間空き家だった、大切な家をリノベーションして貸出

場所 神奈川県愛甲郡　**築年数** 36年　**物件所有者** 個人

POINT

水回りの設備を整え、利便性を向上させる部分改修で費用を抑えたリノベーションを実施、ファミリー向けの賃貸物件に再生。

この物件は、アキサポのサービスをスタートさせた最初の頃の案件ということで、とても印象に残っています。

所有者は高齢の方です。ただ、近所に子供が別の家を建てて住んでいるので、そこに同居していらっしゃいます。したがって、この物件自体は空き家になっていたものの、家族と長年生活してきた思い出があるので自分たちが生きている間は売却したくないという想いを所有者は強く持たれていました。それなら他の方に借りてもらおうと考え、最初は神奈川県の空き家バンクに登録してみたそうです。

でも残念なことに、**空き家バンクに登録しても何の反響もなかった**そうです。それで困り果てていたところに、私どものラジオ広告をたまたま耳にして連絡をくださいました。

近くに電車の駅はなく、公共交通機関はバスに頼るしかありません。近くに中津川が流れていて自然環境に恵まれた場所ではあるのですが、問い合わせいただいた時点では正直、借り手が出てくるのかどうか、私たちにもわかりませんでした。ただ10年もの間、空き家になっていたにもかかわらず、物件は綺麗に保たれていました。これは所有者の努力の賜物です。空き家になっても放置せず、定期的に換気や掃除のために通われたそうです。

私たちはリノベーションをするにしても、それほど予算をかけずに貸し出せるかもしれないと思いました。そこで私たちで引き受けた後、穴が開いている床の修繕など表面的な部分を修理するとともに、トイレや浴室などの水回りをリノベーションしました。浴室はすべてを交換するのではなく壁のパネルを張り替えることによって、見た目を綺麗にする程度で十分、気持ちよく使えるようになったのです。

こうして5年契約で借り上げさせていただくことにして入居者を募集したところ、**すぐに希望者が見つかりました**。

すでに5年の契約が終了して、物件を所有者に返還するところだったのですが、その所

BEFORE

昔風のタイル張りの壁。浴槽には使用感が漂う。

有者から**契約期間を延長したいという希望**をいただいたので、そのまま引き続き、私たちが物件の管理を行っているところです。

入居される方も、当初の入居者はすでに出られたものの、**すぐに2人目の入居希望者が見つかりました**。

この物件に入居された方からは、「物件の所有者がご近所付き合いをしっかりしてくれていたおかげで、すぐにご近所の方と打ち解けることができました。この時代に、とても貴重な経験をさせてもらっています」という、うれしい言葉をいただきました。

AFTER

部屋は、床の修繕、ふすまを張り替える程度の部分改修で、見違えるほど清潔な印象に。

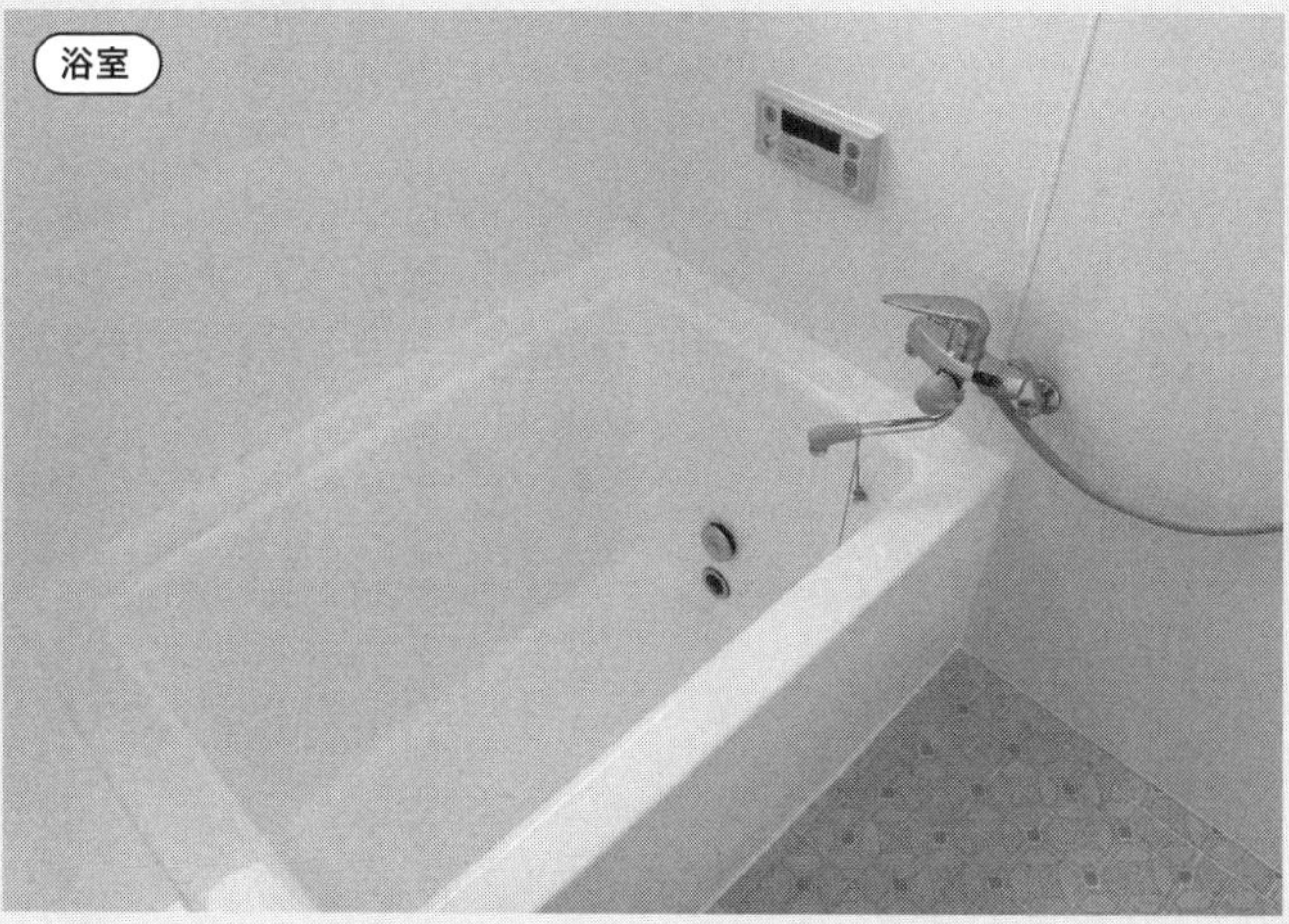

浴室は、壁のパネル、浴槽を真っ白なものに替え、床のタイルもモダンな柄にすることで明るくなった。

戸建て

相続した思い入れのある家を壊さずに次世代へ

場所 神奈川県横須賀市　**築年数** 約50年　**物件所有者** 個人

POINT

次世代の資産となるように思い出深い実家を売らず壊さず賃貸住宅として活用。新たな家族を迎え、思い出も引き継がれる。

約50年前からご家族5人で過ごしていた思い出の戸建て。子供たちが独立した後、お母様がしばらくひとり暮らしをされた後、老人ホームへの入居、そして相続発生と、ご家族のライフステージが変遷していく間に約3年もの間、空き家になっていました。

相続人である相談者は、一度は売却も検討したそうです。というのも、ご自身含め兄弟は皆が遠方に居住しているため、この家に戻る可能性が低いとのことでした。また、売却時に**空き家の譲渡所得の3000万円特別控除**の要件を満たしていたため、税制優遇を受けることも可能でした。

「空き家の譲渡所得の3000万円特別控除」については第2章でも少し触れましたが「空き家の発生を抑制するための特例措置」のことです。空き家となった被相続人の住居の相続人が、耐震基準を満たした、または取り壊した後にその家屋又は敷地を譲渡した場合に、その譲渡にかかる譲渡所得の金額から3000万円が特別控除されます。

しかし、いざ売却するとなると、なかなかその選択肢に踏み切ることができませんでした。所有者にとって幼い頃から青春時代までをご家族・兄弟で過ごした思い出の場は、お金に換えられない価値ある存在でした。ご自身が所有したままこの家に何か新しい付加価値を付けることができないものかと模索を始め、私たちに行き着いたのです。

物件を見させていただいた時、この状態なら十分に活用できると思いました。窓ガラスの一部が壊れていたり雨漏りしたりしている箇所はあったものの、これらをリノベーションしても、それほど大きな改修費にはなりません。何より敷地面積が広く日当たりも良好という、大変な魅力があったので、修理したうえで一戸建てでの生活を希望している人に貸し出し、家賃収入を得る方が良いのではないかとお勧めしました。

また「**第一種低層住居専用地域**」という用途地域のなかでも最も厳しい規制がかけられている地域でもあるので、生活拠点として考えるなら非常に良い場所なのです。

BEFORE

壁紙は変色して剝がれかけ、窓ガラスの一部が壊れ、雨漏りがあった。浴室は水色のタイル、浴槽が昔風。

南向きで日当たりのよいリビングは所有者の家族団らんの場であった。変色した壁紙を変えるだけでより明るくなった。浴室はマットな白で統一し空間を広く見せる造りに。

AFTER

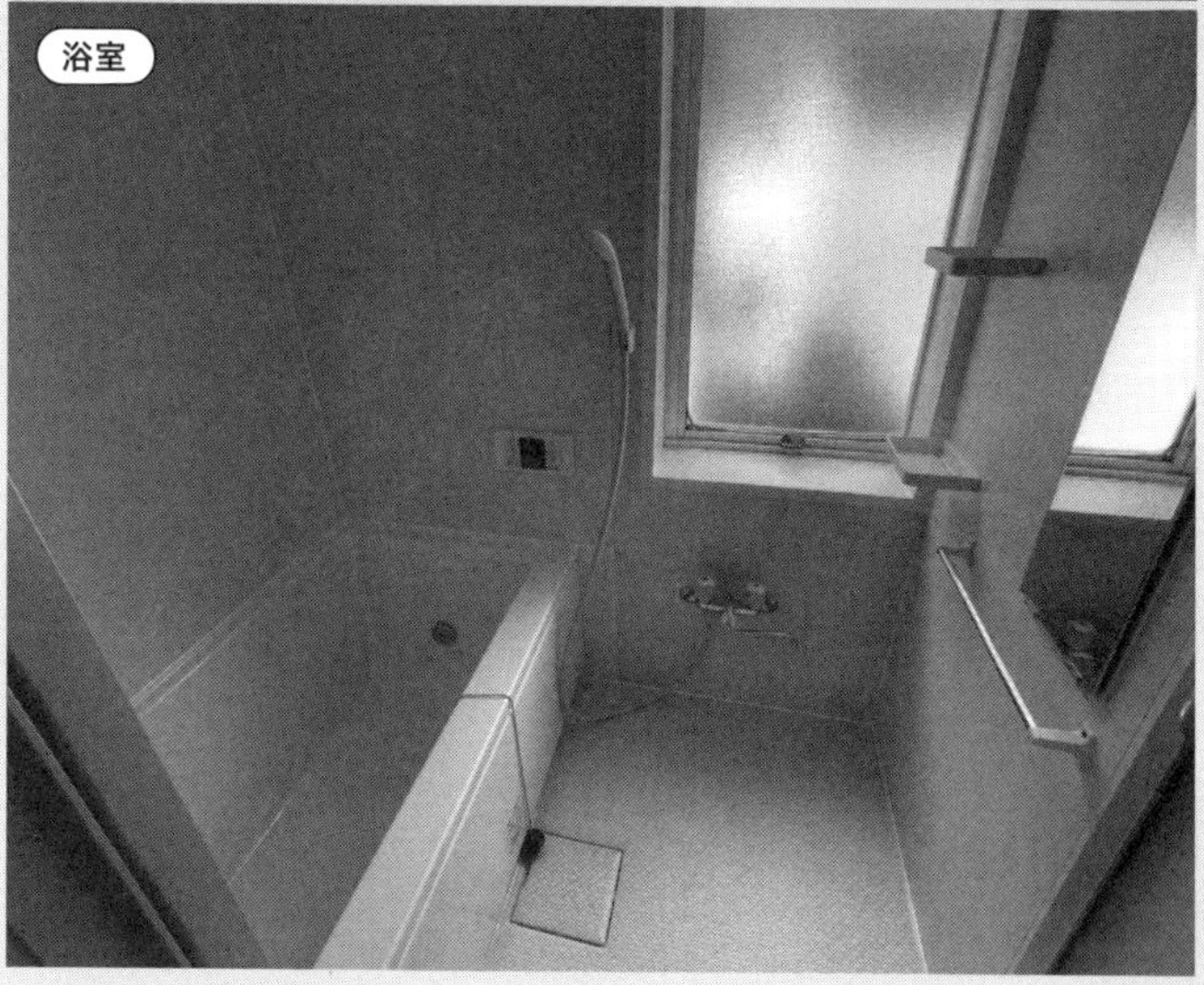

半面、大型ショッピングセンターのような、日用品や食料品を購入するためのお店が近隣エリアにないという問題はあります。でもその欠点を補ってもあまりあるほど良質な土地でした。

良い土地にある物件は、十分な資産価値を持ちえます。この横須賀の物件も恐らくはそうでしょう。そのため所有者は自分の想い入れもあって、この物件を手放したくないと考えていました。同時に**資産価値が維持されるのであれば、将来、自分の子供に相続させてもよい**という考えもあったのです。

最終的に所有者から私たちが借り上げたうえで入居希望者を募集したところ、**現在は4人家族が賃貸住宅として利用**しています。

シェアハウス

7SLDKの間取りを活かして今、流行りのシェアハウスに

場所 神奈川県茅ヶ崎市 **築年数** 51年 **物件所有者** 個人

POINT

湘南エリア屈指の高級住宅地として知られる茅ヶ崎に立つ豪邸を、エリアに特化したシェアハウスに転用。

茅ヶ崎の海に近い場所に70坪の敷地面積を持つ一軒家です。間取りは7SLDKという、ゆとりのある佇まいです。

最寄り駅はJR東海道線の茅ケ崎駅。この駅から徒歩20分という場所にありました。

茅ヶ崎エリアは、海を愛する湘南サーファーたちや、サザンオールスターズファンの聖地ということもあり、駅から離れていても「海に近い」ことがステータスとされている地域です。なお、この物件は海まで歩いて8分という魅力がありました。

こちらの物件は、約50年前に相談者のお祖父様が建築されたという思い出深い建物。祖父母とご両親、３兄弟の合計７名の大家族で住んでいたそうです。

約20年前にお母様が他界されてからは、お父様がこの広大な家でひとり暮らしをされていたとのこと。お父様からの相続が発生した際には老朽化も進んでおり、**雨漏りやシロアリ等が各所で発生している状態**でした。

また３兄弟ともに核家族のため、７ＳＬＤＫの家は大きすぎて、住むには持て余されていました。

売却も検討されたそうですが、茅ヶ崎というエリアで70坪もの敷地面積の家は、一度手放してしまうとなかなか買えるものではありません。兄弟で話し合った結果、建

外装を塗り直し一新。

物は基本的にそのままで、誰かに貸して運用することになりました。

とはいえ、7SLDKもの間取りを全部そのままにして借りてくれる人はなかなかいません。そこでご相談を受けた私たちは、**シェアハウスへリノベーション**することを提案し、ご家族にも了承していただきました。

茅ヶ崎という土地柄、サーファーのニーズがあるだろうと考え、サーファーが住みやすいように外付け水栓を増設するなど、エリア特性に合致したリノベーションを実施しました。

ちなみにシェアハウスとして運用させるためには、入居者を募集したり、家賃を管理したりする必要があります。本来、この手の運営管理は所有者が行うことです。ただしアキサポを利用していただければ、面倒な運営管理業務は、私たちが選んだ外部の運営会社に委託します。そのため所有者の手を煩わせることなく、シェアハウスを運用できます。

大家族で過ごした思い出深い家はそのままに、エリアの特性を活かした形で若者たちの笑顔があふれるシェアハウスとして生まれ変わっています。

BEFORE

板張りの床の食堂。備え付けの食器棚が２つあった。6畳の和室。隣室とはふすまで仕切られている。

広いダイニングは居住者共有のリビングスペースに。備え付けの食器棚の1つを取り壊してより広くした。和室は壁で仕切り、フローリングにすることで現代的な空間になった。

AFTER

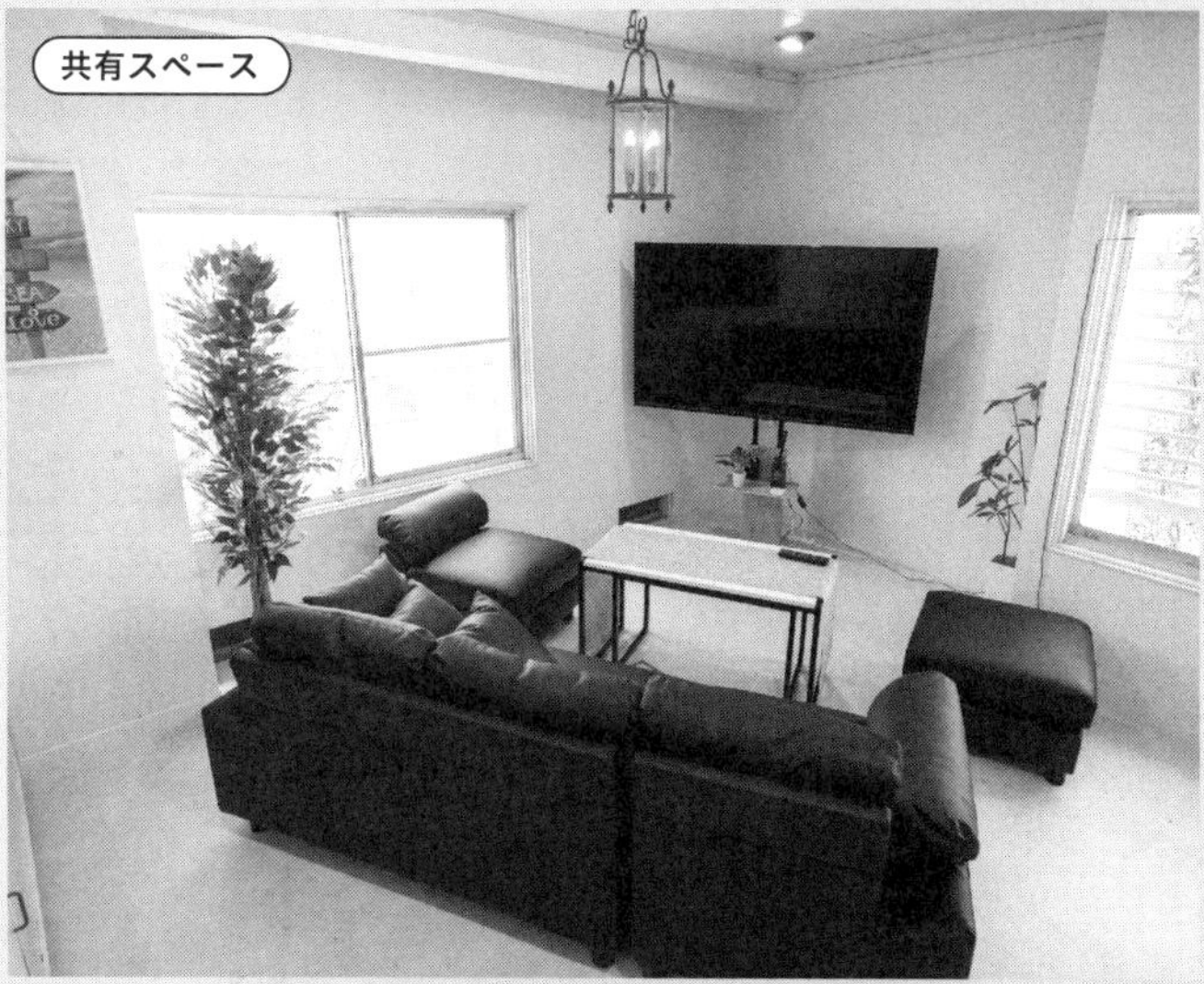

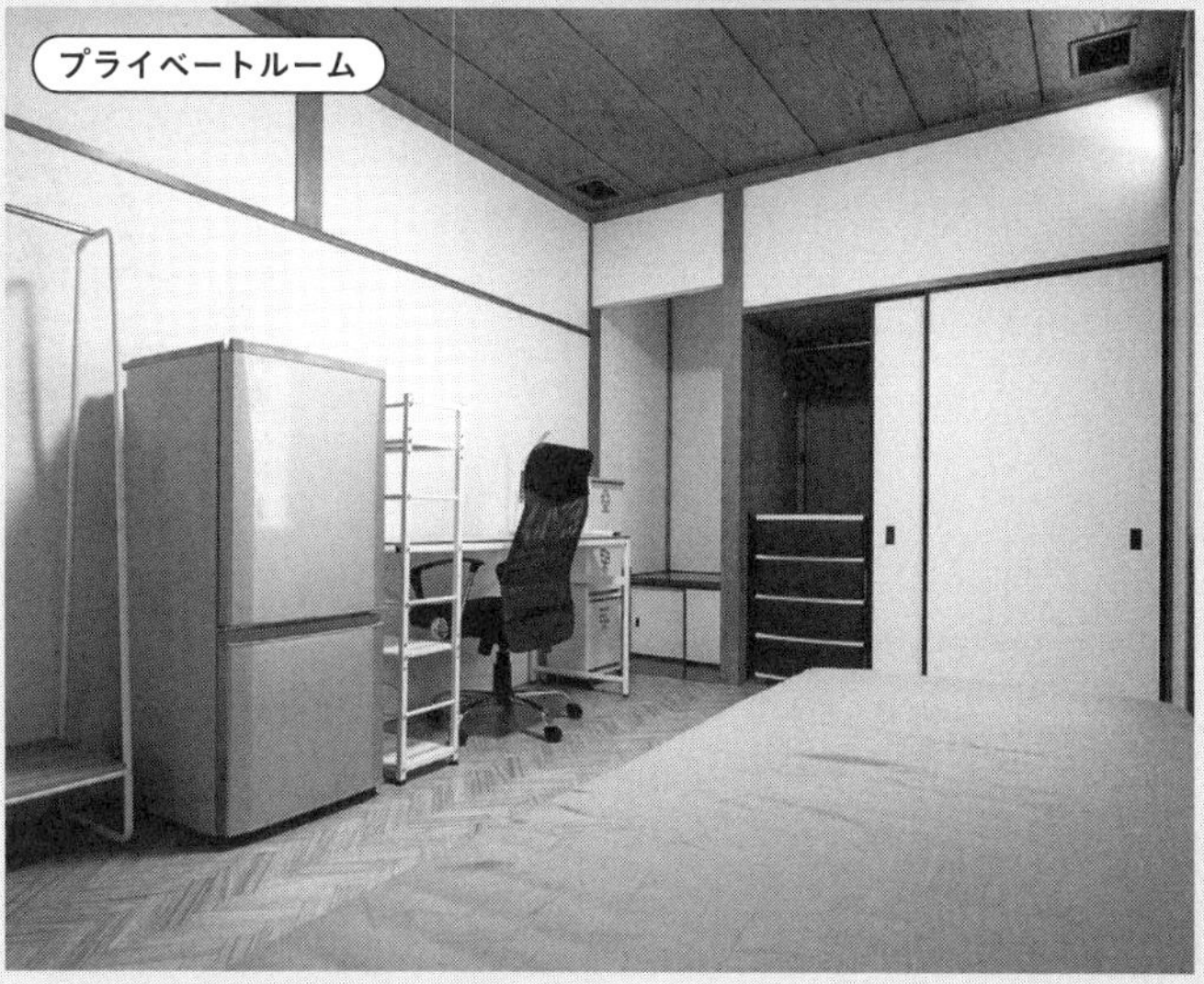

飲食店
＋
シェアハウス

社宅として利用されていた築古物件を飲食店連動型のシェアハウスに

場所 世田谷区祖師谷 **築年数** 61年 **物件所有者** 法人

POINT

世田谷の築61年の空き家を〝飲食店×シェアハウス×α〟の地域活性拠点に再生。

築61年という非常に古い建物で、3階建ての鉄筋コンクリート造です。社員寮として使われなくなってからは、所有者ら親族の家財が置かれていました。そんな空き家のまま20年が経過していました。

こちらの物件は駅からも近く立地がいいため、所有者もどうにか使えないかと他の不動産会社へ相談したこともあったそうです。しかしうまく進まなかったようで、それなら自分たちでどうにか修繕し使えるようにしようと考えていたといいます。

何しろ築60年が経過したビルを再生するためには耐震やアスベストなどの基準をクリア

しなければならず、かなりのコストがかかります。そのため、所有者自身でリノベーション費用の捻出や今後の資金計画を考えてはみたものの、すぐには手を加えることができないまま、時間ばかりが経過してしまったそうです。そして、その間にも建物がどんどん老朽してしまった。このようなケースはよくあります。

そんな頃、金融機関を介して私たちのところに相談をいただきました。

さて3階建てのビル1棟をどのような活用にすべきかと近隣の調査を行ったところ、このあたりのエリアはファミリー世帯も多く、閑静な住宅街ながらも活気ある商店街が近くにあり、住まいとしては申し分ない環境でした。住居としての活用ができるのであれば、私たちとしても安定収益が見込めます。そこで、よりリアルな声を拾い上げ住民たちにとって必要とされているものを知りたいと、アイデアを求め、さらに**周辺住民へ聞き込み**をしてみました。すると、多くの興味深い声が上がってきたのです。

それは、この辺りにはチェーン店は多いにもかかわらずゆっくり過ごせるような**カフェや本屋が少ない**という意見でした。

また若い家族が多く、ベビーカーを使う方たちもよく見かけました。ただし、間口が狭くベビーカーが入りにくいお店が多いという意見もありました。そこで、この物件は、単に住居として転用するのみでなく、このビルが社宅として使われてきた時の賑わいを取り戻そうと考えました。そして、1階を地域に貢献できるような飲食店、2、3階を収益性の高いシェアハウスとして貸し出す、飲食店併設型シェアハウスとして企画を始めました。

しかし、そうなるとテナント誘致とシェアハウスの運営体制について考えなければなりません。そんな時、場づくりを通したコミュニティ形成を得意とする当社のパートナー会社がこのエリアに興味を持ってくれました。1階に飲食店を出すことを検討して2、3階も合わせてシェアハウス運営をできるということで、建物1棟丸ごとの貸し出しと運営をお任せすることができました。

アキサポの物件を利用することは、運営会社にも大きなメリットがあります。飲食店を開業するには初期投資がかかり、リスクも大きいのです。今回は当社が**インフラ設備を整えた後、スケルトン状態でパートナー会社に貸し出した**ので、内装工事費はかかるものの、周辺の相場賃料より比較的安価に借りられます。

加えて当社がプランニングした上階のシェアハウスの賃料収入を運営収益の柱にできるので、1階の飲食店では少し余裕を持った資金計画でチャレンジすることが可能となりました。

BEFORE

窓枠は錆び、外壁は剝がれていた。コンクリートの外壁が閉鎖的な印象を与える。

AFTER

外壁を塗り直し、窓枠をシックな黒にした。

塗装が剥がれかなり古めかしく見えていた外壁は、淡いグリーン系に塗り直したことで見違えるようになりました。建物を囲っていた外塀は解体してテラス席をつくり、道沿いにガラス張りの間口を設けているので、店内の様子もうかがえて通り沿いからも入りやすい造りに。1階に入居したカフェダイニングバーは、「緑豊かなまちの公園」をテーマに緑に囲まれゆっくり時間を過ごせるような空間デザインを施しました。昼はカフェとして旬の食材を使い、美容と健康に特化したカレーをはじめとする風味豊かなスパイス料理を提供。夜は、オリジナルカクテルを楽しめるダイニングバーとして営業しています。

また店内では、スタッフが厳選した本や植物の販売も行っており、読書や買い物をすることもできます。これは、周辺住民の声を受けた試みです。

2、3階シェアハウス部分は、もともと各階2部屋ずつでした。これも2階を3部屋、3階を2部屋＋共有スペースの全5部屋へ間取りを変更。プライベート空間は守りつつ、広めのリビングと小上がりスペースで住人同士のコミュニケーションがとれる空間にしました。

キッチンなどの水回り設備はすべて新しく取り替え、お風呂、トイレは共同利用でも快適に過ごせます。

また、営業時間外は1階のカフェダイニング部分を自由にコワーキング利用ができるため、自室以外でも作業スペースがあることも、この施設ならではの特徴です。

さらに、この複合施設のコンセプトとして、自分のやりたいことに挑戦するシェアハウス住人を応援しています。これまでの住人にはクリエイターや作家などもいて、自身の作品の展示販売や、週末に自身の本屋を出店するなど、さまざまな形で1階の飲食店との企画を実現してきました。住人が施設を通して、自身の挑戦や趣味を発信し、地域へ新たな交流を生み出しているのです。こうした他のシェアハウスとの差別化も図っており、入居開始から満室稼働を続けています。

ところで、このビルを改修工事施工中に珍しいことが起こりました。

建物裏の壁を解体している際、**壁の内部に古い井戸が発見された**のです。井戸があることなど、まさに寝耳に水でした。所有者に急ぎお伝えをしたところ、所有者自身も井戸があることをまったく知らなかったとのことでした。建てた当時は使用していたものの水道の普及により使用されなくなり、その存在を知る人さえ現在はいなくなっていたのでしょう。

BEFORE

古めかしい印象の室内。

1階はたくさんの緑に囲まれたカフェダイニングバー。外塀を壊してテラス席を造設。2、3階は5名入居の小規模シェアハウスを運営。

AFTER

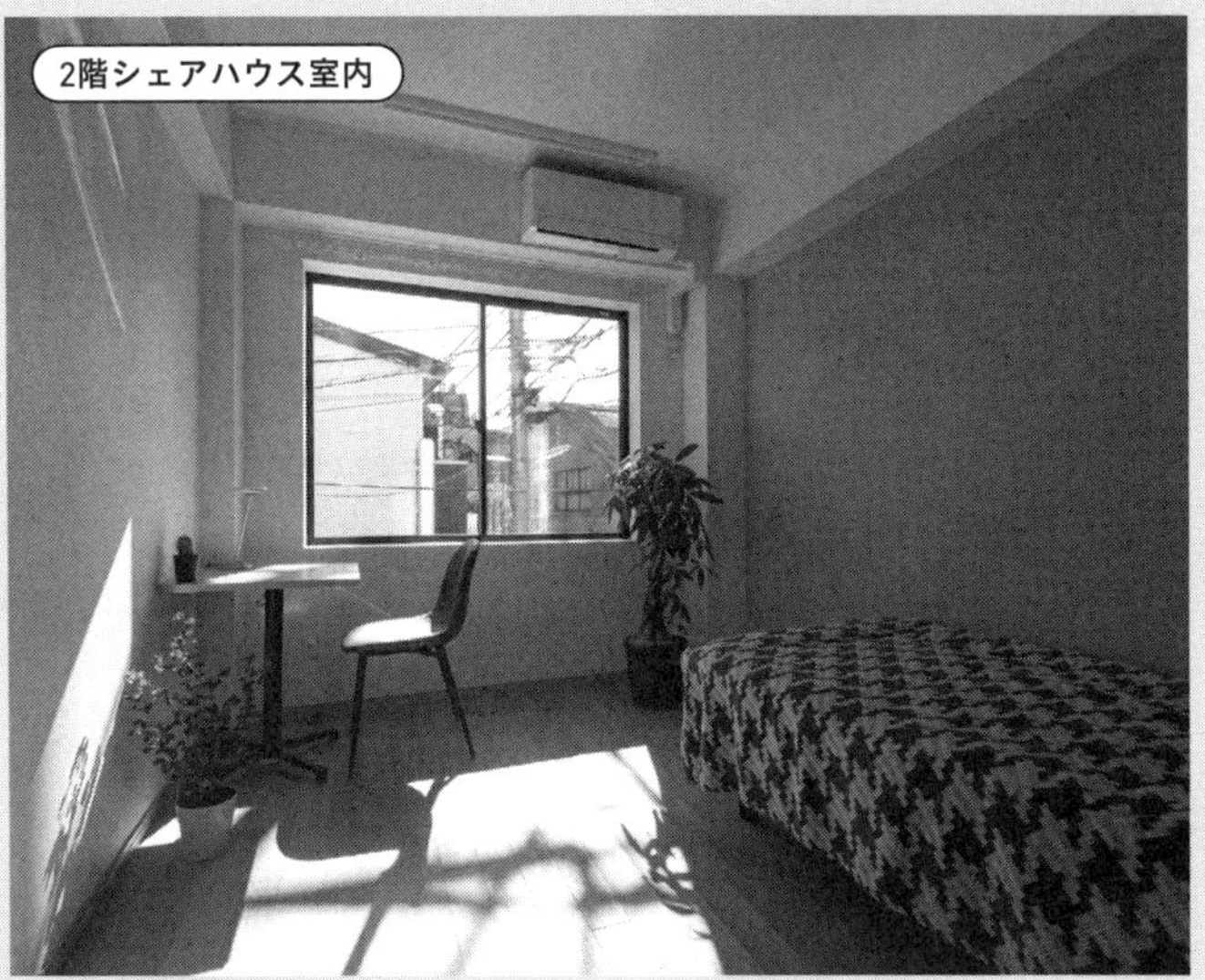

2階シェアハウス室内

カフェダイニングバーの店内

運営会社：株式会社スペリアル

なお、井戸をそのまま解体、撤去をすることは、あまり好ましくありません。なぜなら、水道が整備されていない時代ではきれいな水はとても貴重でしたので、井戸には神や霊が存在するという考えのもと、大切に扱われてきました。そのため井戸を埋める際は神職を招き、井戸祓いを行うのが一般的です。ちゃんとした手順で井戸の神様をお送りすることでその土地に災いが起こらないようにし、新たな場として生まれ変わらせるという縁起を担ぐ意味合いもあります。

今回は解体後のタイミングで神主さんにお越しいただき、速やかに儀式を執り行いました。このように古い生活様式のまま、時代に取り残されてしまう空き家は非常に多いです。

昨今は単身世帯が増えている影響で、新しいコミュニティを求めたり、初期費用の安さから、若者を中心にシェアハウスへの需要はしばらく増加傾向です。また事業者からしても高い稼働率をキープしやすいシェアハウスは、空き家の有効活用のひとつといえます。

現在はコンセプト型シェアハウスが増えています。しかしコロナ禍の動向に合わせ、慎重にターゲットを絞った戦略を立てることが重要と考えています。

アパート

築50年の風呂なしアパートを現代風にリノベーション

場所 大田区大森西

築年数 50年

物件所有者 個人

POINT

母から受け継いだアパートは、面影を残して新たな賃貸住宅へ。

もともと所有者のお母様がひとり暮らしをしていた共同住宅の物件です。部屋数は4部屋という小さなアパートで、お母様が住んでいた時はすでに他の部屋には誰も住んでいませんでした。そのお母様が亡くなってしまったことで全室空き家になってしまいました。そして、所有者がアパートを相続したのです。

所有者としては、お母様が住んでいたアパートを取り壊すのも、また売却するのも忍びないということで、それなら有効活用するしかないと考えたそうです。賃料は安くてもよいのでアキサポで何とか物件を蘇らせて入居者を探してほしいというご相談でした。

BEFORE

築50年の風情漂う外観。押し入れのある6畳の和室と台所という造り。

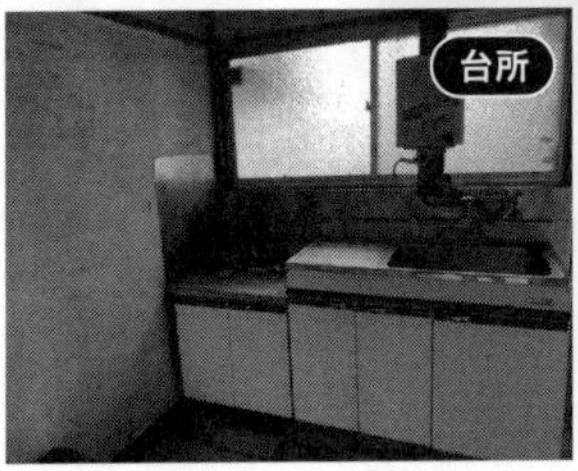

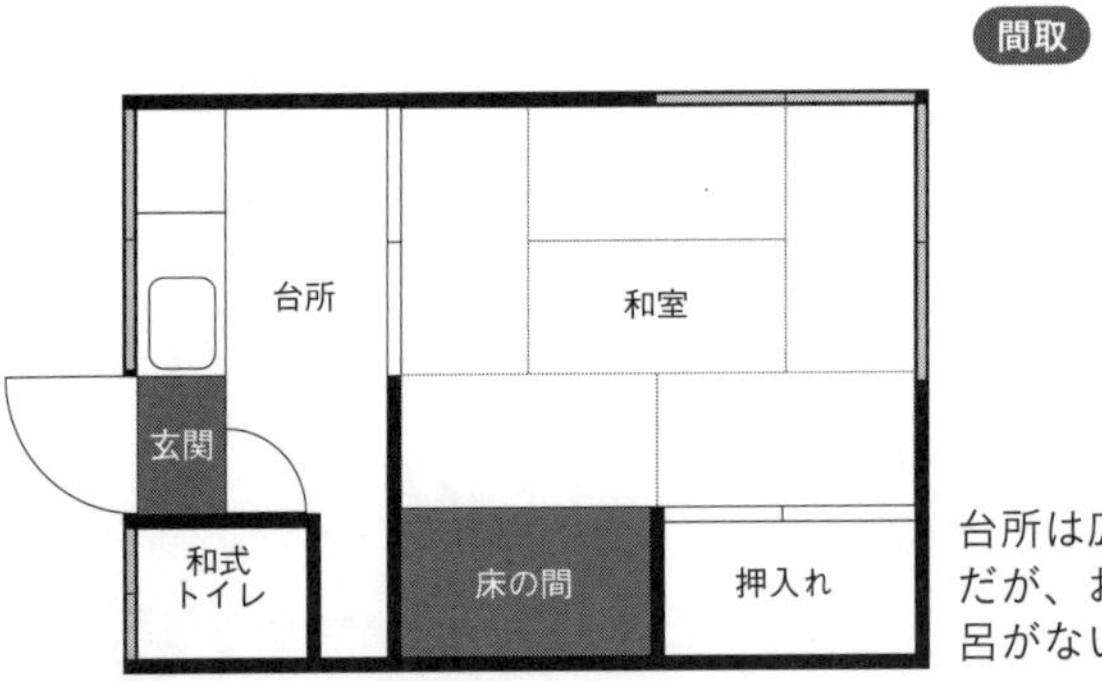

台所は広めだが、お風呂がない。

AFTER

外壁を白く塗装するだけでかなり綺麗になった。畳を塩化ビニールタイルのフローリングに替え、ユニットバスを設置。

間取

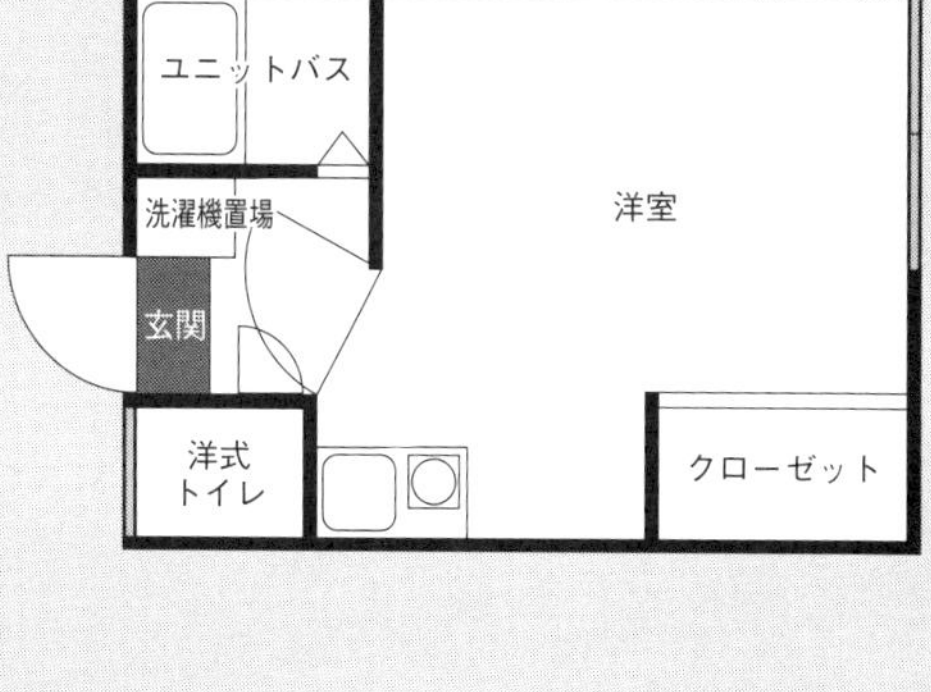

床の間を潰してキッチンにし、もともとの台所スペースに浴室を造設。

京浜急行の平和島駅から徒歩で10分程度の距離です。最寄り駅から近いため、私たちは賃貸アパートとしての需要はあると判断しました。

ただ、いかんせん築年数の古い物件なので、設備などいくつかの点で現代の生活様式に合わない箇所があります。それをアキサポの事業予算内で、どうすれば現代のスペックに近づけられるのかというのが、私たちの挑戦でした。

まず外観の修繕です。

あまりにも傷んで見える状態だと、それだけで誰も入居してくれないので、外観はとても大事です。

とはいえ予算が潤沢にあるわけでもありませんので、新築のような外観にまですることはできません。検討の結果、外壁を白く塗ったのですが、これで外観は見違えるように綺麗になりました。

また、この物件には駐車場や駐輪場がありません。これはもうどうしようもないとして、「お風呂がない」というのは最大の課題でした。

現代のアパートでお風呂がないというのは致命的です。ここはしっかり改修工事をしないと入居希望者が激減しますので、**4部屋ともすべてユニットバスを設置**しました。また、当初は各部屋とも畳敷だったものを今の時代では敬遠されがちなので、フローリングに変更しました。

このように要所、要所を押さえて効率よくリノベーションを行い、入居者の募集を開始したところ、全室がすぐに埋まりました。現在も満室稼働中です。

築50年の風呂なしアパートも、リノベーションすれば十分に全室を埋めることができるのです。

所有者から、「**こんなに綺麗にしてもらってお母さんも喜ぶわ……**」と感動していただいたといううれしい思い出もある物件です。

アパート

人気エリアのアパートをフルリノベーションで満室稼働に

場所 渋谷区本町 **築年数** 38年 **物件所有者** 個人

POINT

所有者は高齢者施設に入居、所有者の親族と、後見人である行政書士と相談してリノベーションを達成。

京王新線幡ヶ谷駅から徒歩5分くらいのところにあるアパートです。

幡ヶ谷という人気エリアに加えて、**駅から徒歩5分**という利便性の高さですから、これは入居希望者がいないはずがないという物件です。

間取りが少し変わっていて2階建てなのに、1階部分は2DK1室のみ、2階がワンルーム3室の合計4室です。恐らく1階は夫婦2人で住み、2階は単身者が3世帯が住むことをイメージしてつくられたのではないかと考えます。

築38年はまあまあ古い方ではあるのですが、この程度の築年数であれば床を下地からやり直す必要はありません。とはいえ、2DKはやはりひと昔前の間取りですので、2部屋の間仕切りをなくして1LDKに変えました。

また2階については、3部屋ともワンルームのままにしました。しかし、ひとつだけ問題がありました。各部屋にユニットバスは設置されていたものの、**洗濯機置き場が外の廊下**にあったのです。さすがにこれは今の時代には合っていませんので、**既存の間取りをうまく活用して洗濯機置き場を室内へ設置**しました。

立地が非常に良い物件だったので、入居者を募集したら即、4部屋とも埋まりました。現在も満室稼働中です。

この物件が他の物件と違っていたのは、所有者がすでに高齢者用施設に入られていたため、相談をしてきたのが所有者の親族の方でした。成年後見人制度によって所有者は被後見人という立場になっていたため、賃貸借契約や工事に必要なさまざまな確認事項は、相談者である親族の方と、後見人である行政書士も交えて行ったことです。

この案件については、真の所有者とのやりとりは一切叶わず、所有者の親族の方、そして後見人である行政書士との間でのみ、契約をはじめとするやりとりを行いました。契約手続きに際しては、家庭裁判所の許可が必要になるなど、さまざまな手間がかかってしまいましたが、これから高齢社会が加速していくとなると、似たようなケースの案件が将来的に増えていく可能性があるのではないでしょうか。このようなケースもアキサポで対応できるという、私たちにとって、よい学びをさせていただいた物件です。

BEFORE

経年を感じさせる室内。

外の廊下にあった洗濯機置き場は室内に移動。各部屋の収納部分を改修し、洗濯機置き場を確保した。1階部分は2DKから1LDKへリノベーション。

AFTER

学生サークルの拠点

5SLDKの空き家をそのままサークルの拠点に活用

場所 千葉県松戸市 **築年数** 48年 **物件所有者** 法人

POINT

相続前の期間限定での賃貸希望物件を、〝住まない〟使い方を希望する学生とマッチング。

これは千葉県の不動産会社から紹介を受け、ちょっとユニークな活用となった物件です。その不動産会社がたまたまアキサポの話を聞いて、「この物件、どうにかなりませんか」と問い合わせて来られました。

木造2階建て、延べ床面積が127平方メートル、**5SLDK**ですから、かなり大きな建物です。現在の所有者はご高齢の女性なのですが、身体の具合が悪く介護施設に入居しています。親族は別のところに住んでいて、空き家になっていました。空き家になって5年くらい経過しており、部屋の中には家具や荷物がそのまま残っています。親族は、将来的に売却も検討されていたので、売却するまでの期間を利用して収益を得たいという意向でした。

ただ、5SLDKもの間取りの一軒家ともなると、かなり借り手が限定されます。前述した茅ヶ崎の物件のように「これはシェアハウスしかないのではないか」などとも考えたりしていると、たまたま近隣大学の学生サークルから「皆でお金を出し合って、サークルの拠点として使いたい」という話がありました。

所有者の親族は将来的に売却を考えているため、長くここを生活拠点にしたいと考えている人は入居者に適していません。学生サークルのメンバーが集まる拠点であれば、柔軟に運用できます。しかも借りることを希望してきた学生たちは理系学部であり、モノづくりが好きな人たちばかりでした。なので**建物内で壊れている部分があれば自分たちで修繕**するし、家財道具などの残置物も、そのまま使わせてもらえるならありがたいと申し出てくれました。

この物件を借りてくれた学生サークルのメンバーたちは、ここを拠点にして庭などで近所の子供たちとバーベキューをしたり、自分たちの制作物の展示会を催したりする予定だそうです。

バイクガレージ

工場跡地の倉庫をバイクガレージに有効活用

場所 大田区仲六郷 **築年数** 32年 **物件所有者** 個人

POINT

廃倉庫から大型バイクガレージへ。視認性の悪さを逆手に取った発想。

工場跡地で、建物は**鉄骨造の2階建てと木造平屋**が並んで建てられている物件です。ただ、すでに工場は操業しておらず、中はがらんどう。倉庫もがらんと広い空間になっていました。袋小路のように、非常に入り組んだ立地にある倉庫は、シャッターがなく雨風が吹き込み、不法投棄物も散乱しているような状態でした。

ご相談いただいた当初は、これを修繕して倉庫として貸し出すということも考えていたのです。ところが、いろいろ調査をしたところ、大田区に住んでいる人のなかには結構バイクが好きという人が多いことがわかりました。そこで近所のバイク屋さんに話を聞いてみると、仲六郷には**バイクガレージに対するニーズ**が結構ありそうだということがわかったのです。

この倉庫は、外から見えづらい場所にあったので、これをメリットとして活かすことを思いつきました。

特に大型の高級バイクは常に盗難リスクにさらされています。もちろんバイクガレージである以上、セキュリティはしっかりとしたものにする必要があります。ただ、**この倉庫の立地そのものが盗難防止に役立つ**と考えたのです。

そこで木造平屋の倉庫と、鉄骨2階建ての1階部分の倉庫についてはバイクガレージにしました。両方で計12台のバイクが停められます。

また鉄骨2階建ての上の階については、もともとは工場の事務所として使われていたので住居に転用しようということになり、居宅として貸し出しています。居宅、バイクガレージともに満室稼働中です。

BEFORE

AFTER

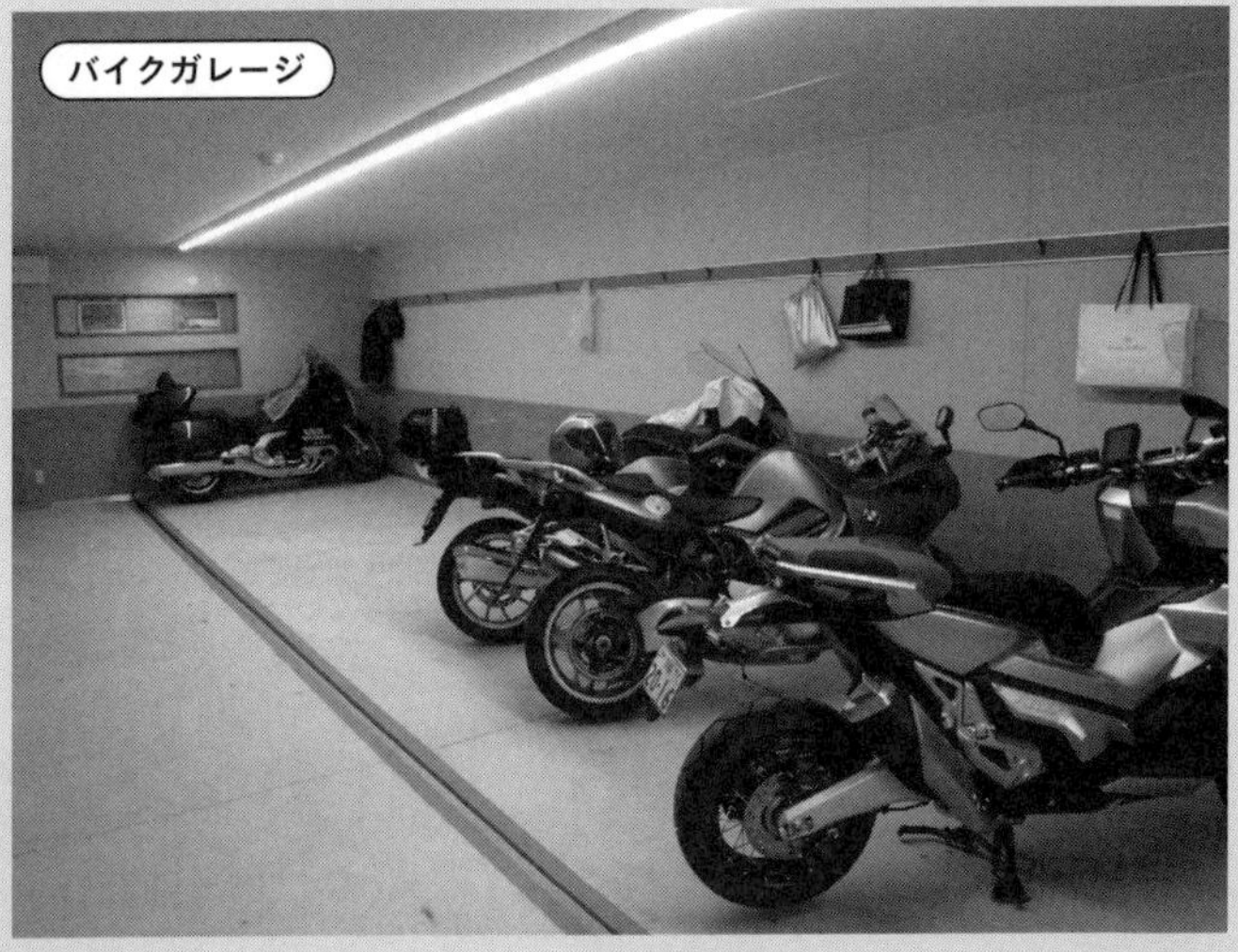

工場跡地の木造平屋の倉庫と鉄骨2階建ての倉庫の1階を12台置けるバイクガレージにした。

駐車場

建物を解体して土地として有効活用

場所 墨田区東向島　**築年数** 65年　**物件所有者** 個人

POINT

建物解体後の土地有効活用としてアキサポを利用し、将来の相続に備え駐車場経営のサポート。

私たちも出展していたある大型終活イベントにてお会いした弁護士より、古い物件を所有していてお悩みの所有者がいるというご相談をいただきました。

この弁護士は特に相続、事業継承、不動産などを中心とした実績が多く、日本では相続リテラシーの低さから、残された家族が悔しい思いをしたり、泥沼の紛争に発展してしまう不幸な例をたくさん目にしてきたそうです。そのため、相続リテラシー向上に取り組んでおられ、依頼者に寄り添った対応をしてくださる方でした。

依頼者とは数年前に相続による遺産分割の相談で関わっていたそうで、そのなかで老朽した建物の所有についてのお悩みをうかがったとのことでした。

早速、所有者をご紹介いただき、現地へうかがうと、1つの敷地内に建物が2棟並んでありました。建物同士の間隔は50センチメートルほどしかなく、**隣地との通行幅が90センチメートル**と土地いっぱいに建物が建っている状況です。

道路手前にある1つは現在も作業場として使っているということですが、その奥にある未接道の建物が使わないまま老朽しているため、どうにかしたいとご相談でした。

建物は、1958（昭和33）年築の木造2階建て共同住宅で、以前は寄宿舎として利用していたそうです。空室になってから30年ほど経っており、現在は物置きとなっています。

外壁には亀裂が生じていて、**屋根のセメント瓦も劣化**がみられました。

また内部は古い造りで、ところどころ雨漏りや建物自体の傾きも確認されました。**トイ**

BEFORE

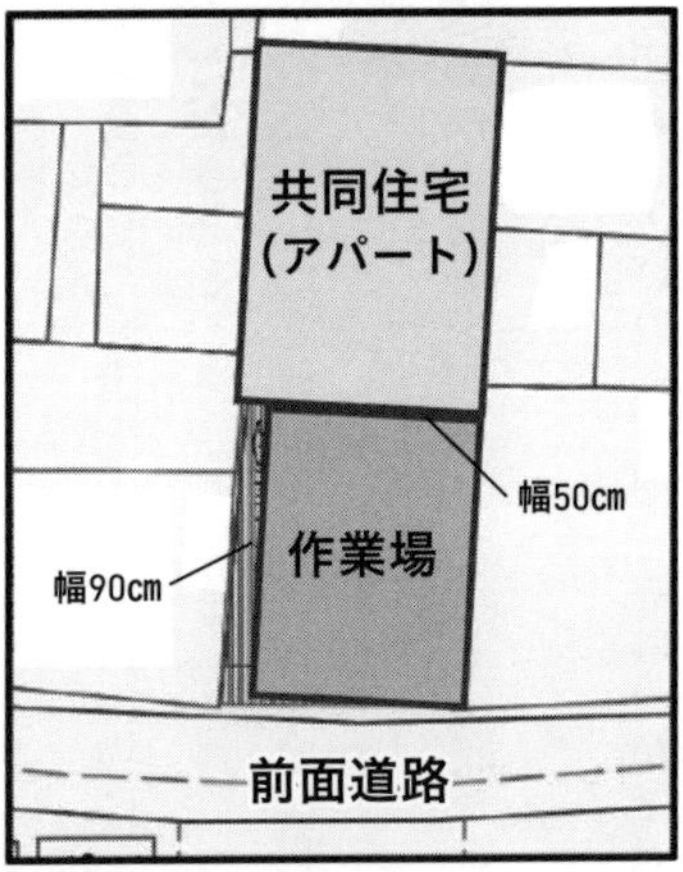

現地調査時の建物

レは汲み取り式で、**お風呂はなし**です。そもそも上下水道管などのインフラも引き込み直しが必要です。建物全体が古く老朽が進んでいるため、このままだと大型地震が起きた時に倒壊するリスクもあります。

まず、今回のような1敷地に複数建物がある場合、1敷地に対して1建物が原則となっています。つまり2つの建物がある場合、2つの建物の関係は不可分（たとえば家に対する倉庫であったり、共同住宅に対する駐車場など）でなくてはならないです。古い建物の場合、建築基準法に違反している可能性もあるので注意が必要です。

本物件についても改築する場合は、当時の建築図面等の書類と現況と照らし合わせ、作業場と不可分な用途に変更したうえで、その改築によって建築基準法に則った建築物にする必要があります。

また、1敷地のまま共同住宅部分を仮に倉庫や駐車場として改築するには、手前の作業場は接道間口の幅員が2メートル必要となります。にもかかわらず現況は1・8メートルしかありません。もし敷地を2つに分割したとしても、共同住宅部分を改築するには、東京都の条例では接道間口は4メートル必要です。つまり奥の共同住宅部分は、手前にある作業場を解体し、間口の幅員を満たしたうえで新たに建築してからでないと改築できない状態でした。

これらの理由により、**共同住宅をそのまま活用したり改築したりすることは困難**でした。そのため解体して、「**土地としての活用**」を考えていました。

しかし前述した通り、隣地との通路は90センチメートルほどです。解体作業自体は重機が入らなくとも何とか手作業でできるものの、手前に作業場があり、通りからの視認性が悪く、集客するには非常に難しい立地です。解体しても収益の得られる活用方法がなかなか見つかりません。


打つ手がないといって、倒壊の危険がある建物をそのままにするわけにもいきません。今回は、このまま建物を放置した場合のリスクを重視し、手前と奥両方の建物を合わせて解体・撤去し、更地となった土地の有効活用法を考えることにしました。

手前の作業場は2階建ての鉄骨造りで、まだ十分使えるため、解体の提案は非常に心苦しいものでした。しかし倒壊リスクの解決、維持管理コストの削減、土地を活用した収益化など、メリットもあります。また、所有者が今後相続をする際も親族に安心して引き継ぐことができます。

　このような提案をしたところ、所有者のご自宅が近くにあるため、幸い作業自体は他の場所でも可能ということで、2棟の解体にご了承をいただきました。

　しかし現在ある建物を解体し更地にしてしまうと、固定資産税がこれまでの住宅用地の6倍になってしまいます。それらを賄えるような土地活用を考えなければなりません。新築アパートや戸建てなど居住用建物を建てたり、トランクルームを設置したりすることも考えましたが、何より2棟分の建物解体費用がかかるため支出が多く、収支計画が合いません。

　そこで**周辺調査を何度も重ねた結果、時間貸しの駐車場に**することになりました。

　駐車場であれば、駐車場運営事業者が月額で

倒壊の危険性がある建物を解体して時間貸しの駐車場にした。

土地を借りてくれるうえ、駐車場の設備投資（電気代、メンテナンス費用含む）などはすべて負担してくれます。所有者には、解体に係る費用を一部負担いただいたのですが、アキサポ契約終了後は駐車場経営による副収入が得られるようになります。

まさか使ってもいない空き家のために、今使っている建物まで解体することになるとは私たちも想像していませんでした。しかし、もし空き家が大型地震などにより倒壊した場合、近隣へ被害をもたらす可能性もあり、その損害賠償額は何千万円から何億円と、非常に高額になることもあります。

また、倒壊リスクの高い建物の解決をしないまま、将来親族へ相続してしまうことにもなりかねません。もし適切な処置をしないまま自身が亡くなった後に建物が相続され、他の人に損害を与えてしまった場合、その責任は相続人である子供たちが負うことになるのです。

今回は**解体したことで維持管理の費用も手間もなくなりました**。また、駐車場として土地を保有しておけば、将来、相続人は他の活用や建て替えも検討することができます。

このタイミングで相続に関わる重要な決心を所有者にしていただいたことは、私たちにとっても大変ありがたく、また素晴らしいご決断と感じています。

建売住宅

安く買い叩かれる寸前の土地を適切な価格で買い取る

場所 埼玉県吉川市 **築年数** 不明 **物件所有者** 個人

POINT

空き家は安く買い叩かれる可能性も。誠意のある不動産会社に相談が必要。

物件は、**武蔵野線の吉川駅から徒歩15分くらい**のところにありました。当初、アキサポに興味があるという空き家所有者からのご相談でした。

現地調査をしたところ、土地が100坪ほどあり、建物は築50年ほど経っていると思われました。室内はきれいに管理されていますが設備は古く、立地や交通アクセスを考慮すると、アキサポのしくみを使って建物をそのまま利活用するのは難しいのではないかと思い、そのように所有者にもお伝えしました。

すると、「活用できない場合、売却も考えています」と所有者はおっしゃいました。

私たちの元には「可能ならば物件は所有したい」という思いで、活用前提で相談に来られる方が非常に多いです。そのため、初めから売却を考えている方はあまり多くありませんが、もちろん当社で**買取や売買仲介も承ることができます**。

今回は所有者ご自身でも活用が難しいことは想定済みだったようで、あらかじめ地元の不動産会社がいくらで買ってくれるか相談をしていたそうです。

しかし、不動産会社から提示された金額をおうかがいすると、**かなり低い金額で安く買い叩かれている**と思われました。私たちであれば、もう少し高い買取金額を提示できる物件です。そこで、当社の査定額をお伝えしたところ、所有者はびっくりされて、「それならジェクトワンに売却します」と言って売却していただくことが決定しました。

このように安値で買い叩かれることがないよう、不動産を売却する際は、ご自身でも概ねの**買取相場を把握しておく**のがよいでしょう。

特に相続時は、相続税の発生や遺産分割が必要になるなど、なるべく早く物件を売却して現金化したいということが多いです。しかし、焦って売却をしてしまうと大きな損をしてしまう可能性があります。

なお、買取金額の相場を知るには、複数の不動産会社に査定を依頼するほか、不動産鑑定士に適切な価格を判定してもらう方法などもあります。当社では買取についても専門部署がありますので、**適正な価格で査定**が行えます。

所有者へは、**買取のメリットはすぐに現金化**でき、今後の資金計画もしやすいということをお伝えしています。

一方でデメリットとして、売買仲介と比較すると売却価格は安くなってしまうことをお伝えしていますが、現状のご要望に合った買取を選択いただきました。

このように、当社であれば活用以外にも所有者の事情に合わせて、空き家解決に対して適切な提案をすることが可能です。

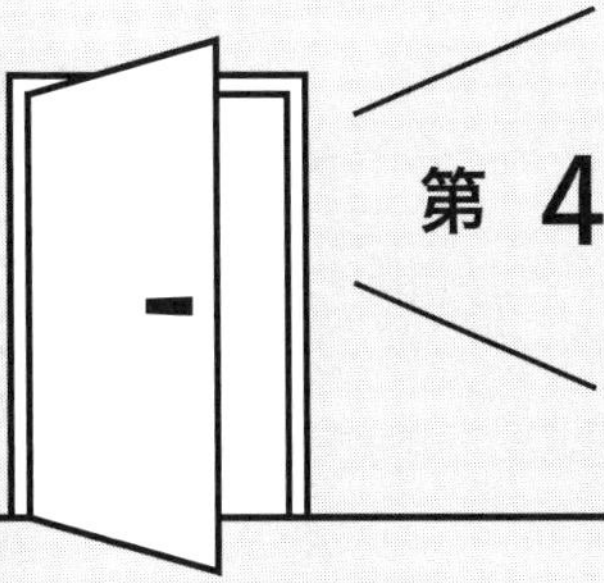

第4章

空き家活用事例集❷

事業用途への リノベーション

店舗
カフェバル

木造の長屋をカフェバルに変身させて繁盛店に

場所 文京区小石川 **築年数** 不明 **物件所有者** 個人

POINT

3軒長屋の真ん中で、売却できずに空き家になっていた物件を地元住民に愛されるカフェ＆バーに再生。

アキサポの都内第1号案件は、築年数不明の木造長屋の利活用で、**木造長屋が3軒連なっている真ん中の物件**の所有者からの相談でした。

ちなみに3軒のうち両隣の物件は、片方がお蕎麦屋さんで、もう片方が美容院です。

「長屋」といっても、若い人たちはなかなかイメージできないと思いますが、要は昔からある集合住宅の一形態です。

長屋は、マンションなどの「共同住宅」とは建築基準法上でも違う定義の建物になっています。

共同住宅とは、2室以上の住戸が階段やエレベーター、廊下などを共用して利用する形態の建物のことです。各住戸に出入りする際に、他者と共用して使う空間のある建物は共同住宅に分類されます。マンションなどは、その典型例です。

これに対して長屋は、界壁と呼ばれる壁、あるいは天井を共用するだけで、それ以外の空間はいっさい共用しないタイプの集合住宅です。そして各住戸への出入りは、道路から直接できることが条件になっています。

昔の長屋は多くが1階建てでした。でも、この物件は2階建ての長屋です。ちなみに両隣の物件は、1階が店舗で2階が住居になっています。そして真ん中の長屋だけが空き家になっていました。所有者としてはできれば売却したいところだったようです。ところが長屋でひとつながりになっていることもあり、いずれか1軒だけを切り売りするのが困難です。もちろんまったく売れないというわけではありません。ただ売買する際の金額をいくらにするのかを算出しにくいこともあり、1軒だけを切り売りするケースはほとんどありません。この物件も**売却は困難**だったため、結局は空き家の状態になっていたのです。

内部はかなり老朽していて、また元の物件のように1階を店舗、2階を住居にして使えるようにするにはトイレやお風呂などもすべて入れ替えて新しくしなければなりません。

BEFORE

3軒連なる木造長屋の真ん中が本物件。1階は店舗、2階は住居だったが老朽化が激しい。

AFTER

改修コストを抑えるために1、2階ともスケルトンにして、使用者に内装は委ねた。

そこまでの予算が掛けられないとしたら、果たしてどういう使い方が良いのかという点から、まず考え始めました。

そして、この物件がある**文京区小石川の近辺をいろいろ調査**してみると、周辺にカフェや飲食店が少ないことがわかりました。新しくなったこの物件の入居者を募った時、物販、飲食、ギャラリーなどもあったのですが、現所有者と話し合った結果、この地域では飲食ニーズが高いはずだという前提のもと、カフェバルにしたいと申し出ていただいた方にお貸しすることになりました。

改修などに予算を掛けられないのでスケルトンにして、使用者が自分の使い道に合うように、自分で内装を手掛けてもらう形にしました。

また、2階部分は、前述したように居住スペースにするにはかなりの費用がかかるので、ここもスケルトンにして、カフェバルにいらしたお客様の飲食スペースにしました。

小さな店舗スペースではありますが、地元の方たちから愛されるお店として、昼も夜も賑わっています。

※2023年4月現在、新たな飲食店がオープンしています。

店舗
ケーキ店

学生との産学連携プロジェクトでケーキ店を開店

場所 港区芝 **築年数** 39年 **物件所有者** 法人

POINT

オフィスビルの空き区画を学生の起業アイデア実現のステージへ。

これは実験的な試みでした。もともと当社が一部を保有していたオフィスビルに、1階4坪＋地下8坪ほどの空きテナントがありました。これを有効活用する方法がないかと模索していました。

室内はリノベーション前でも上下水道管などのインフラは使える状態でしたので、すぐ貸し出すことは可能です。都営地下鉄三田線の**芝公園駅から徒歩1分**の立地で、周辺はオフィスビルが多く、ほど近くに東京タワーが見える広大な公園もあります。

「どうせ何かやるのであれば地域ぐるみで面白い試みにチャレンジしてみたい」という気

持ちがあり、ＰＲ会社へ相談をしたところ「**産学連携で地域社会に貢献できないか**」というアイデアをいただきました。

私たちとしても、次世代を担う学生たちへ社会問題の空き家について、実際に向き合い考えてもらうことは、非常に意義のある取り組みとなります。

そこで早速、物件にほど近い戸板女子短期大学へ、学生と一緒に空き家問題の解決をテーマにした「実在する空き家店舗活用企画」を提案してみました。すると当社の空き家活用事業に興味を持っていただけて、国際コミュニケーション学科の1年生、約１３０名の学生たちとの産学連携プロジェクトがスタートしたのです。

しかし本プロジェクトの開始は、２０２０年新型コロナウイルス感染症まん延の第1波の真っただ中でした。当初の計画では、生徒と対面で授業や物件現地での案内を行うはずでしたが、すべてオンライン実施へ切り替えを余儀なくされたため、非常に難易度の高いものでした。

特に今回プロジェクトに参加した1年生はコロナ禍で大学に一度も通学することなく、前期課程がオンライン授業のみという状況で、学生さんも大変だったと思います。

課題授業に興味を持って取り組んでもらい、学生たちのアイデアを活性化させることができないかと考えた結果、空き家ビジネスプランのグランプリを開催することになりました。さらに優秀な事業プランを提案してくれたグループには賞品（叙々苑焼肉お食事券10万円！）とともに、提案プランを事業化し実現することにしました。

学生たちは約2カ月間、週1回の課題授業と5名ずつでのグループワークを行います。私たちとのオンライン授業では、活用するプランの実現可能性や収益性をシミュレーションし、それに基づいた事業計画を学生に作成してもらいます。

エリア調査・ターゲット設定・コンセプト企画・事業収支計画など、私たちが顧客へ提案する資料の簡易版となるものを提出してもらい、予選プレゼンテーションを行います。その後、予選26組から7組を選出し、決勝プレゼンテーションにて最優秀賞を決める流れです。

予選プレゼンテーションでは、学生ならではの自由で柔軟な発想によるたくさんのアイデアが寄せられました。業態としては飲食店が半数以上、次いで物販、娯楽施設、貸スペース、少数意見としてサロン・療術、教室、美容などがありました。

私たちの事前調べではオフィスが多いエリアのため、働く人向けの飲食店が有望かと思っておりました。そのせいか栄養バランスのよい惣菜屋、味噌汁専門店、スムージーなど健康志向のメニューを取り入れているグループも多かったです。

そのなかでも海の幸を取り入れ、健康を気遣うメニューをコンセプトにしたおにぎり専門店のアイデアを最優秀賞に決定しました。

選定のポイントは、エリアニーズの高さが見込めること、コンセプトがしっかりしていて、さらに火を使わない調理ができることで大がかりな厨房が必要ない点です。調理スペースを真ん中に構え、その周りを客席にすることで動線に無駄がなく、人件費のコストも抑えた収支計画をしっかりと立てていました。これならランニングコストもかからず、地域還元を叶えられると私たちも考えていました。

しかし、大変残念なことに実際におにぎり専門店をつくることはできませんでした。テナントを探すにも、未曾有のコロナ禍で新たなテナントを出せる会社が見つからなかったのです。通常、私たちが空き家活用にて賃借人を募集する際は、企画とリーシング（借り手がつくためのサポート業務）を並行して進行することが多いです。今回のように企画が決まってからリーシングを行うことは事業としてリスクも高く、稀なケースでした。こうして、この空きテナントの活用の実現は振り出しに戻ってしまいました。

やむを得ず、新たに借り手を探していると、飲食事業を中心に菓子製造ＯＥＭ（他社ブランド製造）を行っている企業が、この産学連携プロジェクトに興味を持ってくださいました。自社で製造工場を持っているため、店舗では製造をせず販売のみであること、また飲食スペースは設けないことで、初期投資や人件費を抑えた事業展開をしているのが大きな強みでした。

また店頭販売のみに頼らず、**ウーバーイーツや出前館など、デリバリーサービスでの収益を中心に据えた事業計画**を立てているため、これなら実現ができるのではと私たちも考えたのです。こうして、ようやく現実的に活用事業が進行していくことになります。

グランプリ開催から約6カ月後、空きテナントは「ｃａｋｅ ｔｏ ｇｏ」というケーキ店に新しく生まれ変わりました。

前述の菓子製造ＯＥＭを行う会社に貸し出したのです。今回のプロジェクトにも大いにご協力くださり、店名やロゴは学生が考案したものを採用いただいています。店名の「ｔｏ ｇｏ」は、「配送」「宅配」をイメージしたネーミングで、ケーキ型の車のロゴは、手書き風でデリバリーを表現しています。また内装も学生のアイデアを実現したもので、販売するケーキの華やかさが引き立つよう白をベースにシンプルでトレンド感のあるデザインになりました。

BEFORE

AFTER

学生が発案したロゴ

cake to go

もともと、店舗・事務所だった物件をケーキ店にリノベーション。
店名、ロゴは学生が発案。

AFTER

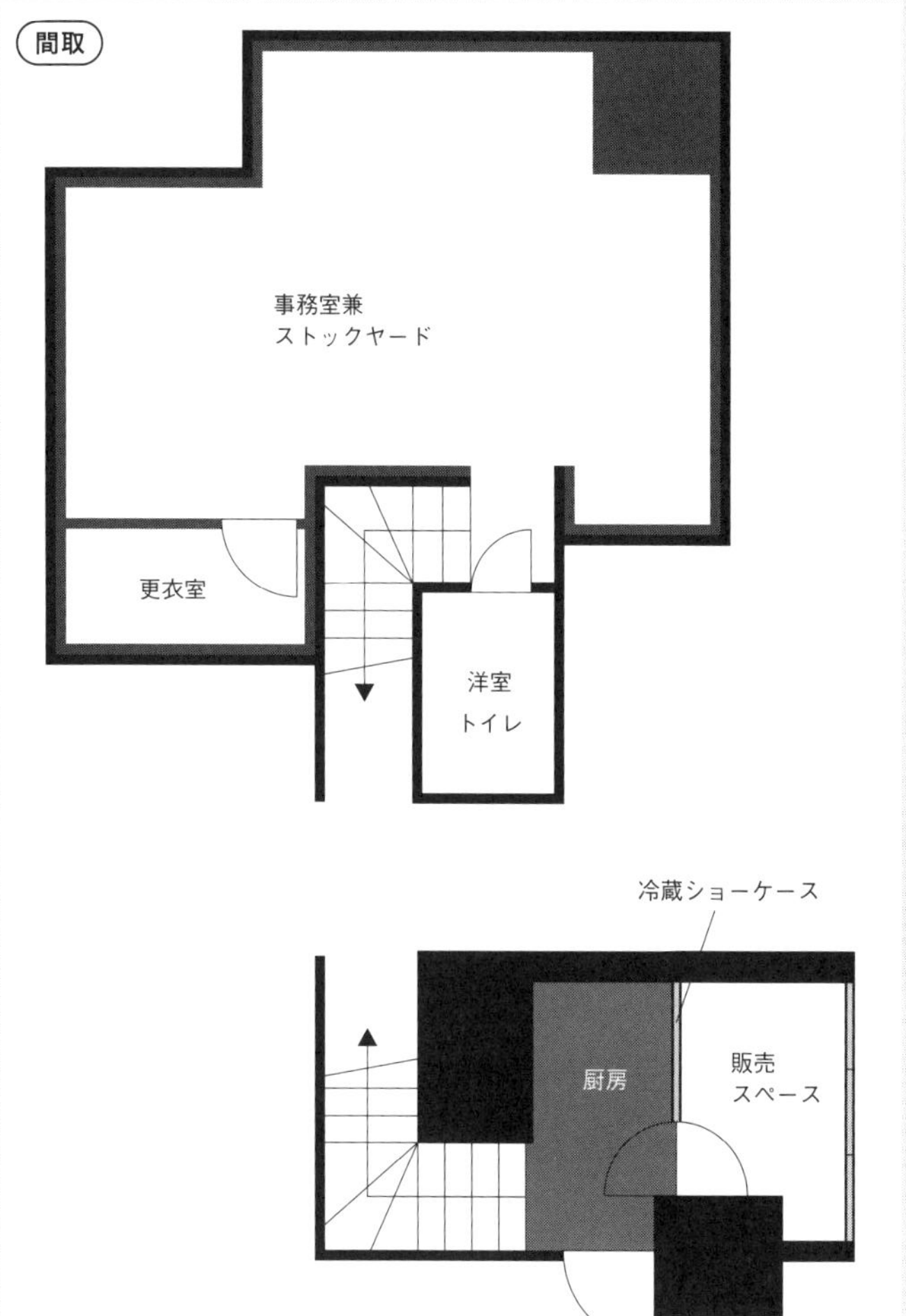

1階、地下とも店舗だった室内を、1階は販売スペース、地下はストックヤードにリノベーション。

オープン当日は学生たちにも協力いただき、現地でお披露目イベントを行いました。新しいケーキ店のオープンは通りから見ても目立ち、早速たくさんの方が訪れてくださいました。近隣の方から「このあたりにケーキ店はなかったからうれしい」と実際に喜びの声を聞けたことは大変ありがたいことです。地域住民からも好評で、現在も非常に繁盛しています。

また、オープン後は**学生たちがインスタ映えするケーキメニューの開発**に関わり、実際商品の販売なども行いました。

こうして学生のアイデアを取り入れながら、実際に事業化ができていることは大きな成果につながったと思っています。

シェアカフェ

地域のために役立ててほしいという願いで戸建てをカフェに

場所 世田谷区代田　**築年数** 47年　**物件所有者** 個人

POINT
耐震性の問題をアキサポでクリアし、思い出の実家を地域コミュニティが生まれる場へ。

これは、**3年ほど空き家**になっていた戸建ての物件です。

なぜ空き家のままだったかというと、「相続を受けたものの住むことはできない。しかし、やはり**昔からの思い入れのある実家なので売りたくない**」という気持ちが強く、「できれば地域の役に立つように使ってほしい」という希望もあって売らずにいたとのことでした。

所有者は活用方法を役所に相談したところ、建物の耐震性に問題があると言われ、それが理由で活用することができずにいたそうです。

まず私たちは、所有者の強い想いに応えたいと、コミュニティの場となる利用先を検討し始めました。そして、「住宅街で生活者の通りも多いものの、飲食店があまりない」という調査結果から、飲食店として活用することを決めました。私たちが耐震設計も含めた改修工事を行うので、建物をシェアカフェとして使わせていただけないかと提案しました。シェアカフェなので、カフェの事業者に曜日を決めて借りてもらい、月曜日はこのカフェ、火曜日はこのカフェというように出店してもらえれば、お客様もいろいろなカフェの味を楽しむことができます。結構面白い場所になるのではないかと考えたのです。

シェアカフェのメリットはもうひとつあります。それはカフェ事業者がこの地域に出店する際のテストマーケティングがここでできることです。

出店の一番のリスクは、開業するために多額の設備投資をしたものの、集客がうまくいかないなどの理由により売上が上げられず、投資回収ができないことです。

でも、シェアカフェで出店すれば、初期投資が必要ないうえ、自分が出している曜日にどのくらいのお客様が来るのか、お客様の層はどういう人なのかということが見えてきます。

こうしてマーケティングをした後、「**この場所ならいける**」と思った段階で本格的に店を開業して進出できるのです。

カフェで起業することを考えている人たちが、この場を足掛かりにしてステップアップしていく。そういう拠点にすることで、チャレンジを応援していく場にしていきたいと考えています。

この業態を、これからも少しずつ、いろいろな場所に増やしていければ、街づくりも面白くなるのではないかと思います。

この物件は、ある不動産会社と連携し、「世田谷区の空き家対策」と「店舗開業を目指す人のチャレンジを応援すること」を目的にオープンさせました。耐震補強もアキサポで行い、現在の基準で問題なく使える物件に再生させた例です。

BEFORE

1階には6畳の和室と2畳の洋室、2階には6畳、4畳半、3畳の和室の民家だった。

外壁を塗り替え、室内は木造を活かしたシェアカフェに。

AFTER

運営会社のomusubi
不動産の皆さん

シェアキッチン

創業支援と空き家対策の二軸で成功

場所 豊島区南長崎 **築年数** 44年 **物件所有者** 個人

POINT

豊島区初の公民連携シェアキッチン、空き家再生で目指す創業支援とまちづくりに貢献。

こちらの物件は、2018年度**豊島区創業チャレンジ支援施設開設事業補助金**を利用して開業した物件です。

「地域活性化のため、豊島区内のどこにつくるかは未定だが**創業支援施設**を開設したい」。そういう趣旨のコンペを豊島区が行いました。どういう施設にしたいかを出してもらえれば、審査したうえで委託先を決めるという案件です。

ですから、このコンペ自体は空き家を使わなくてもいい案件ではあったのですが、豊島区は東京23区内で最も空き家率の高い場所でもあります。せっかく創業支援施設をつくるのであれば、同時に空き家対策も兼ねたものにすれば面白いのではないか。この当社スタッフのアイデアで、空き家を使った創業支援施設という企画内容でコンペに臨みました。

「創業支援施設」といっても、いささか漠然としているので、どういう場所でどういう施設にするのかを絞り込む必要があります。これについてはスタッフが豊島区内をくまなく歩き、そこに住んでいる人と直接、会話を重ねるなかで練り上げていきました。

創業支援施設をつくる以上、そこには地元とは縁もゆかりもない人が入ってきます。言うなれば新参者です。そういう人たちでも簡単に馴染むことのできるような、懐の深さを持った街であることが必須条件になります。当社スタッフが豊島区を回り、いろいろな人と話すなかで、その条件に合うのが南長崎だったというわけです。

その南長崎の商店街にたまたま空き店舗を持っておられる方がいらっしゃいました。二十数年空き店舗だったというこの物件は、最寄りの駅から徒歩10分の距離にある、かなり老朽したビルでした。かつてこの商店街は賑わっていたそうですが、昭和40年代後半から大型店舗の進出してきた影響により、多くの商店で跡継ぎが別の仕事に就くようになったため、今はやや寂れた様子です。

皆さんは**トキワ荘**をご存じでしょうか。手塚治虫をはじめとして、日本の漫画界を背負ってきた作者たちが集まり、ここから名作と呼ばれる漫画が生まれた地です。実は、この老朽したビルから徒歩5分しか離れていないところに、トキワ荘があったのです。

トキワ荘は、今で言うところのシェアオフィスのようなものです。そのような経緯があって、このビルをリノベーションするなら「シェアオフィス」、「シェアハウス」といった、「シェア○○」のようなものがいいのではないかというアイデアが出てきました。

では何が良いのか。これも当社スタッフが綿密に南長崎の住民の方たちにリサーチしたところ、近所に飲食店がほとんどないことがわかりました。ここから「**シェアキッチン**」のアイデアが生まれてきたのです。

シェアキッチンとはその名の通り、料理人、菓子職人といったプロからパン教室、お菓子教室を開きたいという一般の人まで、時間単位で分けて自由に使えるキッチンです。**ゴーストレストラン**といって実店舗を持たず、シェアキッチンでつくった料理をデリバリーサービスでお届けするといった場合に使われたりします。自分のつくった料理を大勢の人に食べてもらいたいけれども、店舗を持って開業するのはリスクが高いし、資金も必要だから踏み切れずにいる料理人が手っ取り早く開業するのに役立てることができます。まさに豊島区が希望している創業支援施設とも重なります。

こうして2つの業務用キッチンが並び、仕切ることで同時間帯に複数の事業者を受け入れることができるキッチンが誕生しました。

名前は「コマワリキッチン」になりました。「コマワリ」は漫画のコマを割るという意味なのですが、漫画のコマを割るように、飲食起業家が場をシェアできるということで名づけました。

このコロナ禍においても、飲食店の休業・時短要請で思うように働けなくなった料理人の方は大勢いらっしゃいました。そういう方がデリバリーを中心にしたゴーストレストランを始めるケースもあり、コマワリキッチンは高い稼働率を維持しています。現在は、地元住民の応援をいただきながら、多くの起業家に利用していただいています。

また施設では起業塾の実施において、創業支援の一環として飲食創業者へ基本のノウハウを学ぶ機会をつくっていたり、起業家を集めた交流会、料理イベントなど開催したりしています。こうした取り組みにも貢献できた印象深い経験でした。

BEFORE

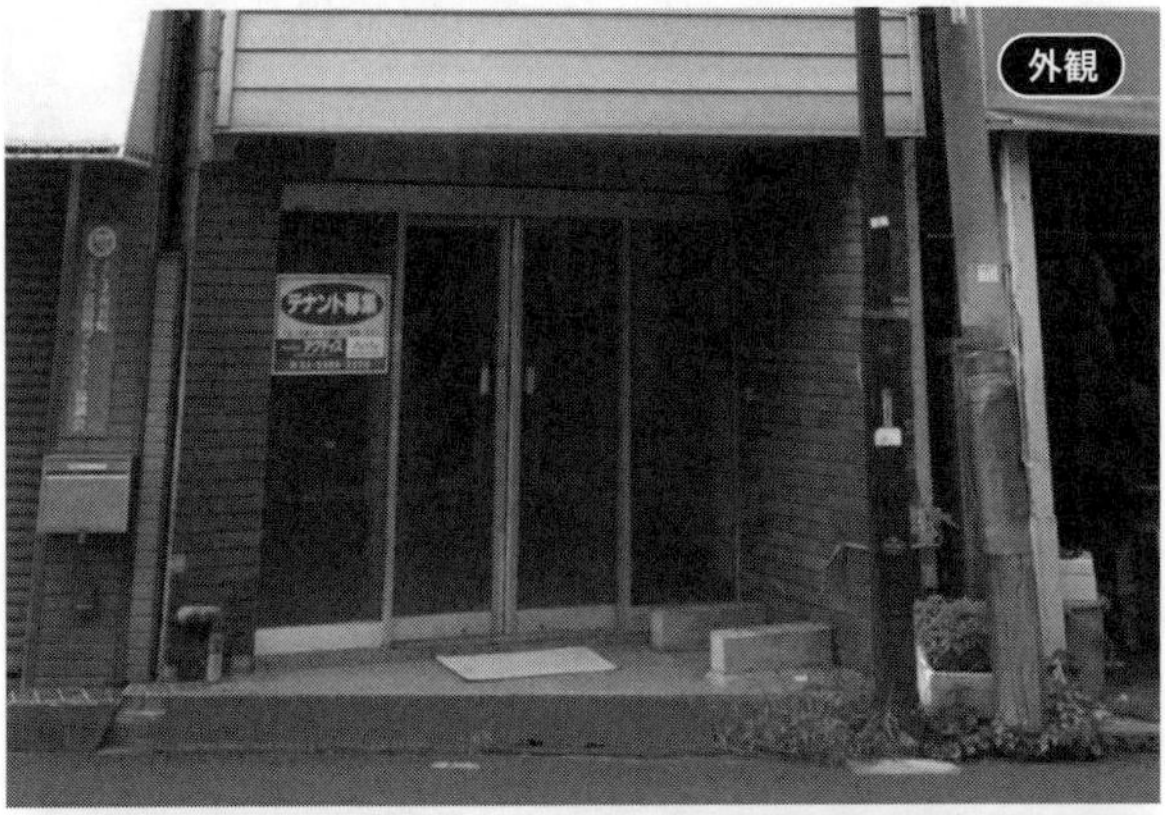

20年以上空き家だったため、かなり設備も老朽したビルの室内。

手前のイートインスペースには可動式のショーケースを設置しており、出店者が自由にレイアウトすることが可能。開放感のあるエントランスとイートインスペース。

AFTER

AFTER

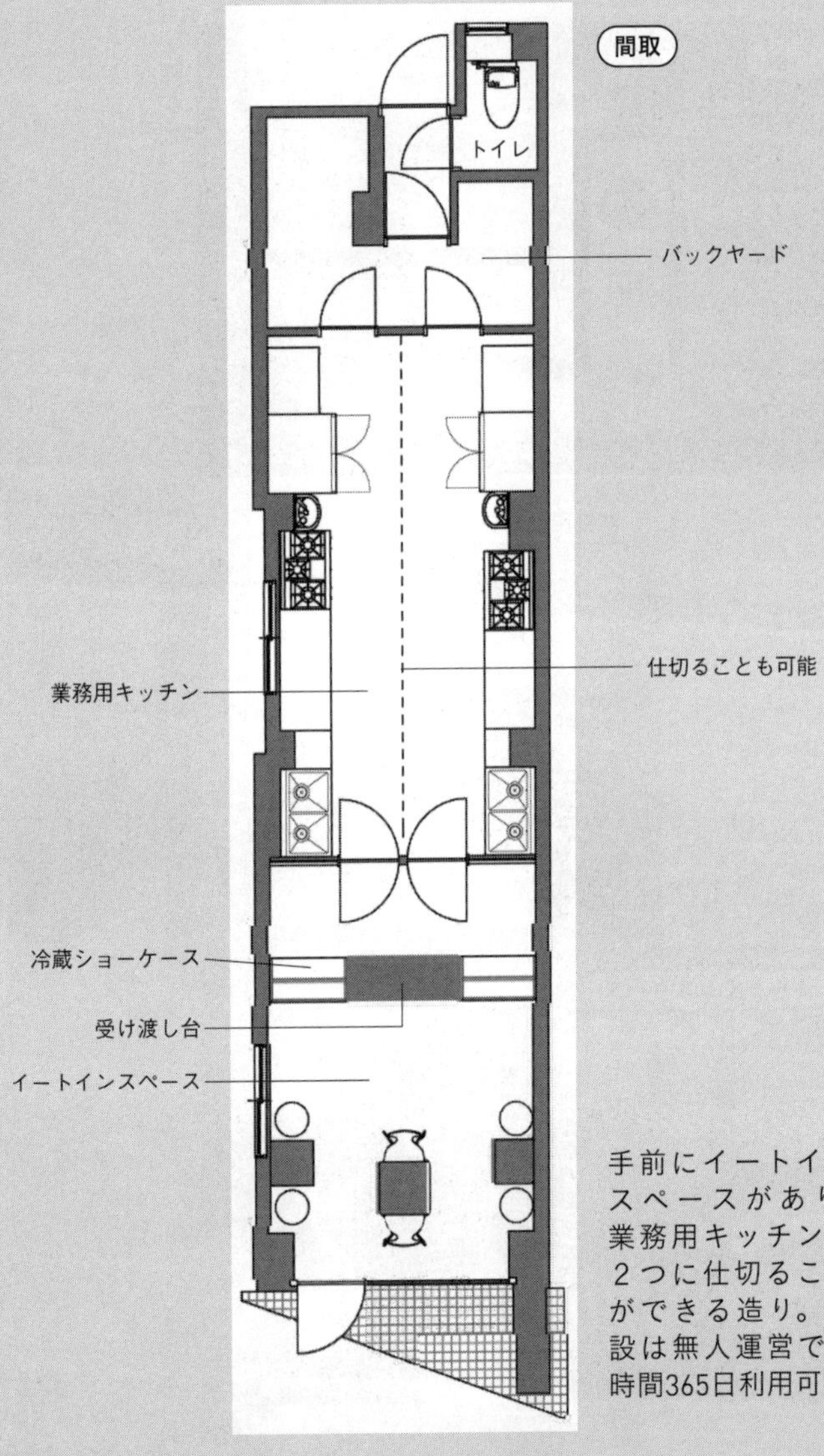

手前にイートインスペースがあり、業務用キッチンは2つに仕切ることができる造り。施設は無人運営で24時間365日利用可能。

店舗
古本屋&カフェ

長年愛されてきた町の時計店を、古本屋&カフェに改装

場所 豊島区南長崎　**築年数** 32年　**物件所有者** 個人

POINT
コマワリキッチンから近隣の空き店舗活用に展開、エリア特性を最大に活かした古本屋&カフェ。

コマワリキッチンと同じ商店街沿いにある**老舗時計店**からの相談でした。**鉄骨造り4階建て**の物件で1階が時計店、2階から4階までは所有者の住居になっています。この時計店を閉店したうえで、地域貢献になるような場をつくりたいというのが、所有者の考えでした。

コマワリキッチンの項目でも触れた通り、豊島区南長崎は昭和の著名漫画家が若い頃、たくさんの名作を生み出したトキワ荘があったことで知られています。しかも、この物件の目の前にある公園には、2020年7月に豊島区立トキワ荘マンガミュージアムが開設

されました。そのような環境がそろっていることもあるので、地域貢献になる何かを仕掛けるのであれば、マンガがカギを握ると考えました。いろいろアイデアを練っていたところ、所有者と当社のスタッフの共通の知り合いを通じて、「古本市場（ふるいち）」を運営している株式会社テイツーをご紹介いただきました。そして1階には古本市場さんに入っていただき、「ふるいちトキワ荘通り店」とすることが決まりました。

商店街を盛り上げたいという所有者の熱い想いを受け、「トキワ荘マンガミュージアム」を目指して街にやって来る人たちにマンガの街・南長崎をより一層楽しんでいただけるように、また**南長崎地区の地域活性化を目的に改修**しました。また新たな「集いの場」として、人と人との「つながり」「体験」を目的としたイベントやサービスの提供、既存の古本市場と連動する新たな展開拠点として活用することが実現したのです。

古本市場さんの全国チェーン展開している強みを活かし、トキワ荘ゆかりの漫画家の作品ばかりを取り扱い、さらにはカフェ施設も設置したことで、珈琲1杯で好きなだけ漫画を楽しめるブックカフェに生まれ変わりました。トキワ荘マンガミュージアムにはお土産コーナーがありませんので、トキワ荘に関連する雑貨商品の販売、イベントの企画・実施などを行う場になっています。このようにミュージアムを目的に街へ訪れた人たちの回遊性を促進させ、滞在時間を増やすことで地域貢献をしています。

親の代から65年間続く時計店を継いだ、この町の商店街会長でもある所有者からは、「親の代から始めた店を閉じた時は寂しい気持ちもあり、『トキワ荘を活用して街を盛り上げたい』という思いがずっとあった。自身が先陣を切って、街の活性化に取り組まないと後に続く人もいないと考えていた時に、若い方たちが一緒に取り組んでくれて何よりありがたかった。初めは『時計店を少しだけアレンジしてやろうか』と考えていたものの、やるなら中途半場は嫌だと思って思い切って全面改装となった。商店街にはまだ空き店舗があるが、商店主の自宅も兼ねているので空き家活用には難しい問題がいろいろある。それでも、この店舗が成功事例になれば他の所有者たちも『やってみよう』と思うかもしれないと感じている」という力強いメッセージをいただきました。

物件を受け継いだ古本市場さんからも、「『ただ本を売るのではなく、人と人とのつながりをつくりたい』と考えていた時期で、今まで取り組んでこなかった飲食やイベントに初めてチャレンジをしてみて、想定以上の集客を実現できた。オープン後は大変多くのお客様が来てくださり、テレビや雑誌取材も多く、反響をたくさんいただけたので改めてよかった」という実感の声をいただきました。

BEFORE

ブラウンを基調とした商店街の親しみある時計店の趣ある外観。2階から4階は住居スペースだった。

裏口を開放し、入店の動線をつくった。外壁を白く塗り直し、室内の日当たりがよく居心地のよいブックカフェに。トキワ荘ゆかりの漫画家の作品をメインに取り扱っている。

AFTER

シェアキッチン

当社第1号「コマワリキッチン」が話題を呼んで新しいシェアキッチンをスタート

場所 板橋区大山町 **築年数** 店は80年続く老舗 **物件所有者** 個人

POINT

商店街にさらなる活気を！ 古き良き時代の面影を残しつつ、新しい風を呼び込む創業支援としてのシェアキッチン。

当社第1号のシェアキッチンである「コマワリキッチン」は話題を呼び、テレビニュースなどでも取り上げられることがありました。そのニュースを見て板橋区にある大山商店街の関係者が視察に来られたことをきっかけにして、近所にある大山商店街でもシェアキッチンを開こうという話になりました。

大山商店街は100年以上続く、歴史のある商店街で、飲食店を中心にしてかなり活性化されている商店街ではあります。ただ、チェーン店が多く、地元色が薄らいでいるのが商店街関係者の悩みのひとつでした。

コマワリキッチンの視察に来られた大山商店街関係者は、できれば将来的に大山商店街を支えてくれる、地元の個人事業主を増やしたいという希望を持っていらっしゃいました。それと同時に、店主が高齢になり、後を継ぐ者がいなくて困っているお店の相談にも乗っていらっしゃいました。

その方によると、「80歳になったおばあちゃんが履物屋さんの店主なのだけれども、さすがにこれ以上、お店に立ち続けるのがしんどいということで、お店を畳むつもりでいる。そのお店を利活用できないか」ということでした。

大山商店街は、1日に行き来する人が3万人くらいの大きな商店街です。ただ通行人の流れを見ていると、商店街の奥のほうに位置するため履物店の手前で流れが途切れてしまう印象を受けました。

「もう少し人の流れを維持できないものか。それでいて商店街が活気づく創業支援となるような施設にもしたい。果たして履物店を何に変えれば良いのだろうか」。

その答えは、やはり**シェアキッチン**でした。

シェアオフィスだと、ちょっと閉鎖的な印象を受けます。

BEFORE

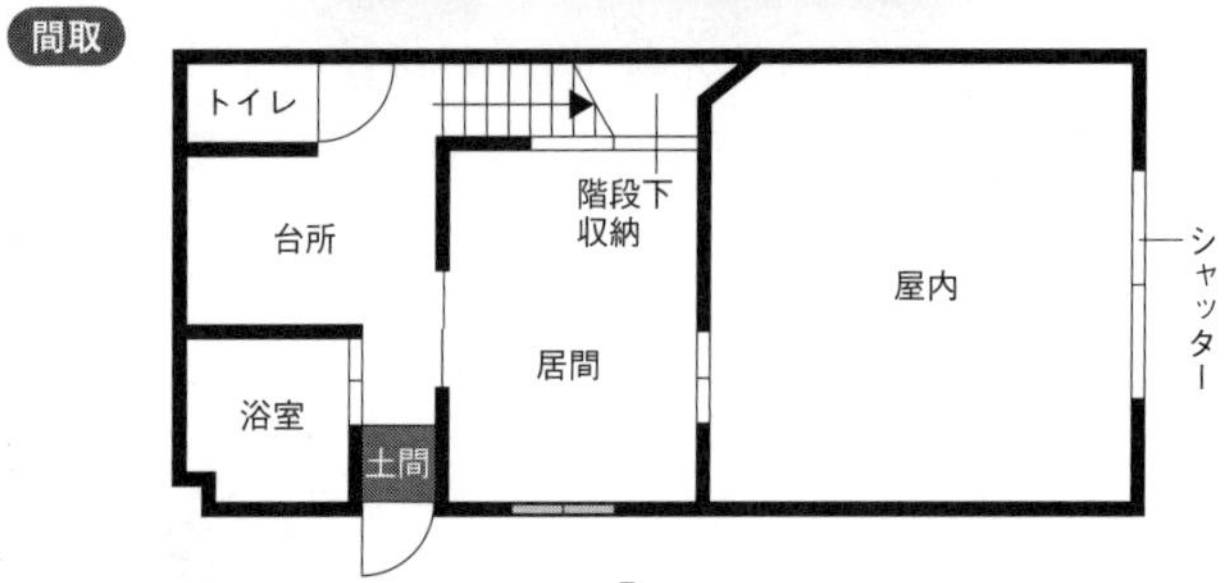

AFTER

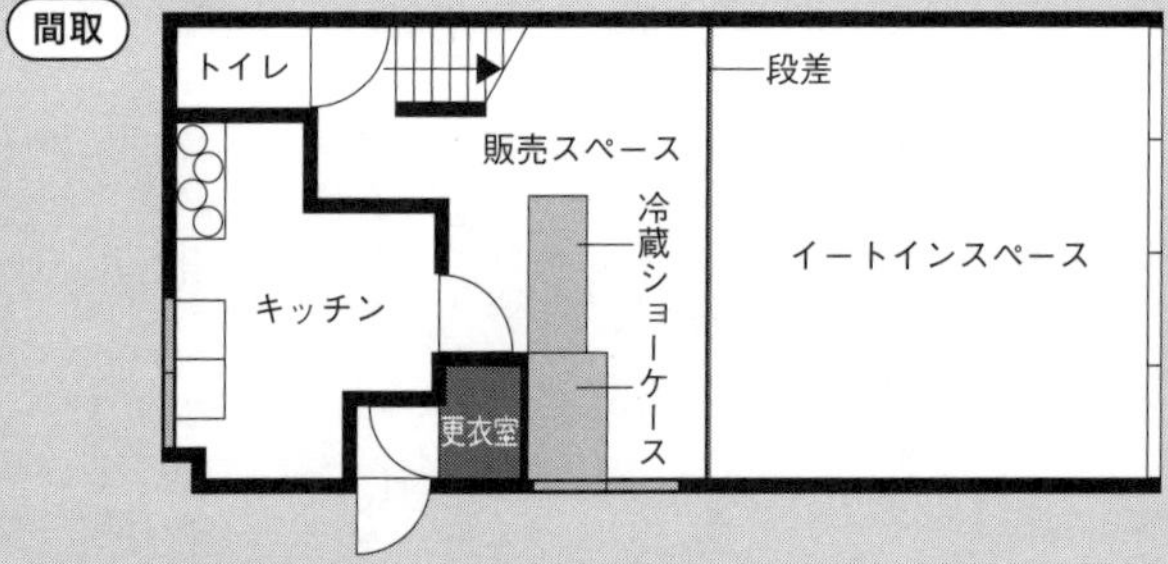

AFTER

履物店の住居部分をキッチンに、店舗部分を広々としたイートインスペースにリノベーション。イベントなどにも最適。

もっと人の流れを維持するためには、自然と人が集まってくるような飲食店が良いだろうということで、それならシェアキッチンにしようという結論になりました。

たまたま大山商店街は再開発の途中だったのですが、その**再開発地区の最先端部分**に位置していたのが、この履物店だったのです。

古き良き時代の商店街の姿を残しておきたいという想いを込めて、建物をリノベーションしました。

商店街の近隣店舗や周辺の住人の方からヒアリングを行い、商店街の方とも協議を重ね、地域の声を大事にした結果、創業支援にもなるようにシェアキッチンが誕生しました。商店街の再開発もあり、大きく変わっていく大山商店街の次世代を担う方々に使っていただけるようなシェアキッチンを目指して、これからの大山商店街を盛り上げる拠点として期待を背負って稼働しています。

シェアキッチン

地元に愛された老舗洋菓子店を地域活性化に役立てる

場所 世田谷区赤堤　**築年数** 30年　**物件所有者** 個人

POINT

老舗洋菓子店マルメゾンの44年の歴史を継ぎ、新たな挑戦者の舞台へ。

日本におけるフランス洋菓子界の巨匠と言われる大山栄蔵氏が、自宅アトリエ兼店舗として使用していた建物を**シェアキッチンにリノベーション**しました。ご本人からパティシエを引退してお店も閉店することになったため、地域活性化につながる使い方をしてほしいという要望が寄せられたのです。

建物は地下＋3階建てです。このうち1階と2階の活用法を求められました。このうち2階部分はもともと洋菓子工房として使われていたため、本格的な厨房設備がそのままの状態になっていました。

BEFORE

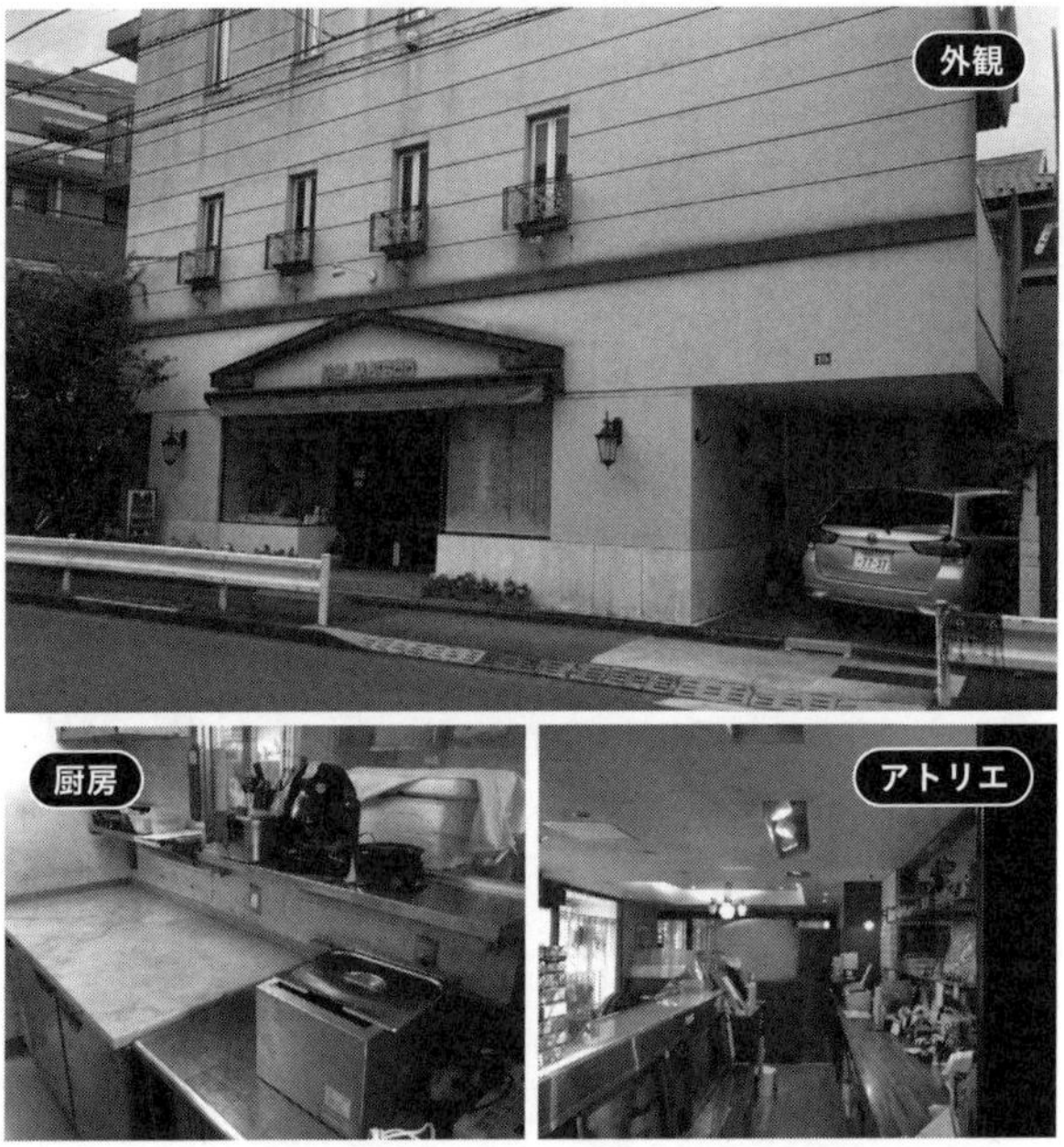

フランス洋菓子界の巨匠と言われる大山栄蔵氏の自宅アトリエ兼店舗だった。2階には本格的な厨房を備える。

外装を現代風に改装し、1階は紅茶販売とカフェ、2階は厨房を活かした洋菓子専門のシェアキッチンに。

AFTER

恐らく本格的な厨房を使って調理をしたい人にとっては、垂涎《すいぜん》ものだと思います。2階を洋菓子専門のシェアキッチンにするというのは、建物を一目見た時から決めていました。ただ、問題は1階をどうするかでした。1階までシェアキッチンにするのは、ニーズから考えても無理があったのです。そこで1階部分の利用については、私たちの手から離して、他の誰かに運用してもらおうと考えました。

フィットネスジムをはじめとしていくつかのアイデアが出てきたものの、どうもしっくりこない。どうしたものかと困っていた時、紅茶専門店の方が是非出店したいと手を挙げてくださいました。結果的に、理想の組み合わせになったと思います。

2階はフランス洋菓子業界の巨匠、大山栄蔵氏の意志を引き継げる、本格的な洋菓子で起業したいと考える若い人たちのテストマーケティングの場として運用します。1階は紅茶専門店ですから、シナジー効果も期待できます。

1階の紅茶専門店では現在も平日昼にはママ友の集うカフェとして人気を博し、2階でつくられる洋菓子を卸して販売することもあるとか。2階のシェアキッチンを利用している事業者のなかには、ネット販売で人気を博しているブランドもあるようです。

かつての店舗とは形態は異なれど、施設全体が飲食業の新たな形態として進化をし続ける形となりました。

洋菓子専門シェアキッチンとして生まれ変わった新生「マルメゾン」のキッチンでは、大山さんが長年使用してきた什器や器具、また洋菓子をつくるうえで計算された配置など、日本最高峰の環境が整っています。

シェアキッチンである当施設では、**実店舗がないからこそ初期費用ゼロ円から始められる飲食創業を支援**しています。シェアキッチンを利用することで通常の創業時の約90%近いコストダウンをすることができます。

また、シェアキッチンの利用期間は、半日単位から半年以上の定期利用まで、希望の利用時間に合わせて利用することが可能です。

次世代のパティシエの無店舗販売による創業を支援する、素晴らしい活用法に結び付いたと思います。

シェアオフィス

老朽した社宅がクリエイターの集まるシェアオフィスで満室稼働

場所 渋谷区渋谷　**築年数** 55年　**物件所有者** 大手電力会社

POINT

企業の旧社宅をスケルトンで貸し出し、クリエイターが自由に模様替えできるオフィスに再生。

次に紹介するのが、もともと大手電力会社が**社宅**として使っていた**築55年**の鉄筋コンクリートの物件です。

ただ、社宅とはいえ1階と2階が変電施設になっていて、社宅は3階と4階に、1部屋46平方メートルくらいの3DKの部屋が4部屋ずつ。合計で8部屋という造りでした。

この案件は、物件を保有している大手電力会社の子会社がコンペの募集をしていて、それに私たちが手を挙げたものです。すでに**10年近く遊休不動産**になっていたので、3、4階部分の社宅の設備は完全に老朽していました。

また階下が変電施設である特殊な建物のため、売却するには困難な状況でした。さらに住居として活用するにもインフラの引き直しが必要で、内装までリノベーションするとなると、かなりの改修費用がかかりそうでした。

実は当初、起業家やフリーランスの集まる渋谷という街の特徴を考慮して、「地域貢献」をコンセプトにした、コワーキングスペースへの転用を計画していました。利用者は会員登録制でワークスペースを自由に使用でき、施設内にはおしゃれなカフェスペースを併設。地域住民もコミュニティスペースを利用できるような地域還元型施設として企画をしていたのです。

しかし現地を改めて調査すると、インフラ設備の引き直しによる改修費が想定以上にかかることがわかり、当初の収支計画では合いません。改修費がかさむとなると、一般的なシェアオフィスのように常駐管理はコスト的に厳しく、カフェ運営や外部の人が出入りするうえでのセキュリティも別の方法を考えねばなりません。

そこで考えたのが、社宅にしていた各部屋を**スケルトン状態**にまで戻し、クリエイター向けオフィスとして使える仕様に変更することだったのです。入居者が好きなように部屋を自由にデザインし、改装ができる特徴付けをしました。

BEFORE

社宅の室内は老朽していた。

室内をスケルトン状態にして、入居するクリエイターが自由に部屋をデザインできる形にした。
Photo Akira NAKAMURA

AFTER

また当初目指していたコンセプトとして、入居するクリエイターの方々それぞれが持つクリエイティビティを活かし、年に4回程度実施予定の企業合同ミーティングを通じて、地域貢献につながるようなアイデア提案をしていただくことを入居条件としました。

こうして居室部分であった箇所は躯体《くたい》以外すべて解体した後、空調やインターホンなど必要な設備を整えることになりました。共用部分については、もともと倉庫であった場所をトイレにしています。レトロな風合いの扉はそのまま使っており、ハンドドライヤーと扇風機を設置しています。また、各階に共同で利用できる給湯室も設置。テラスには植栽を加え、ベンチや簡単な打ち合わせができるテーブルを置きました。

竣工後は、オープンから現在まで常に満室で稼働をしています。入居者はこれまで編集、グラフィック、ウェブデザイン、未来型ゲームプロデュースなど多種多様なクリエイティブスキルを持った方々でした。壁一面にアイデアを描きとめるためホワイトボードを貼ったり、バーカウンターを置いていたり、和室風の造りにしたりとそれぞれ個性を感じさせるデザインで、自分だけのオフィスづくりを実現しています。

しかし無事竣工してから3カ月後、思いもよらぬことが起こりました。「50年に1度」ともいわれた記録的大雨をもたらす台風が上陸した年でした。当時は特別警報が出されていたので、入居者へ台風接近の警戒を呼びかけていたことをよく覚えています。そのような非常に強い台風が去った翌日、多くの入居者から「玄関から雨水が浸水している」と連絡があったのです。急いで現場へ駆けつけると、玄関のドアから室内に向かって雨水が流れてうっすらと溜まっていました。これは、おそらく廊下に施した防水加工が老朽により切れていて、室内へと染み出したと考えられました。しかし、防水加工が切れていたとしても、雨水は排水溝側に流れるはずですから、室内側に流れてきたのは不自然です。施工業者に依頼し調べてみると、なんと外廊下の傾斜が逆になっていることが発覚しました。

通常、廊下の床面は排水溝に向かって下りの水勾配が付けられており、雨水は排水溝に向かって流れていきます。それが今回の物件では、ドア（室内）側に流れるように勾配がついていたのです。おそらく原因は長年の摩耗と老朽によるものだということでした。私たちの経験上、これまでにはないケースでした。すでに処置をしておりますが、空き家については、当たり前であるだろうと捉えず、常に疑うことの大事さを学びました。

今後はこの空き家の有効活用により新たに創出された就業空間に、多岐にわたるクリエイターたちの**クリエイティブスキルが集まることとの相乗効果**により、さまざまな提案が地域に還元されていくことを目指しています。

宿泊施設

京町家の「保存・再生」からラグジュアリーな宿泊施設に

場所 京都府京都市東山区 **築年数** 115年超 **物件所有者** 個人

POINT
京町家の再生と保存のために、築115年超の京町家をラグジュアリーな一棟貸し宿泊施設にリノベーション。

京都市東山区を流れる白川沿いの**京町家を再生**して、宿泊されるお客様を1日1組に限定した**ラグジュアリーな宿泊施設**にしました。

この地区はもともと商業で栄えていたものの、高齢化の影響もあって、近くの商店街の賑わいはほとんどなくなっていました。近隣の建物も老朽が進んでいます。

京都の街並みといえば「京町家」を連想される方も多いでしょう。京町家とは昭和25年以前に建築された木造建築で、伝統的な構造および都市生活のなかから生み出された形態意匠を有するものと定義され、その保全と継承に努めるよう官民一体で推進されています。

この物件も京町家のひとつで、何とか建物を残したい、どうにかできないかということでご紹介を受けました。

世界中から観光客が訪れる古都京都なので、京都白川が持つ風情を世界に向けて発信したい、歴史のある京町家を後世に残したいという希望がありました。そこで地域の空き家対策と、文化・街並みの象徴である京町家を保存・再生させるという2つの観点から、建物1棟貸しの旅館業施設を計画しました。

2階建延床約50平方メートルという狭小家屋を最大限に有効活用したプランニングで、ゆとりを感じる空間に変貌。2階の壁一面に開口部を設け、白川を望む景色と開放感を享受できる設計としました。この京町家再生事業により、人々が集う地域活性化だけでなく、建物の資産価値向上を実現しています。

このお宿は1日1組限定の1棟貸しになるので、宿泊者は建物全体を自由に使うことができます。チェックインの際には、フロントスタッフが玄関でお出迎えし、部屋を案内した後は退室します。また夕食・朝食は希望に応じて、地元の評判のお店から仕出しをしてもらい、部屋で食事をすることも可能です。京都へ訪れる機会があれば、是非一度ご宿泊ください。

BEFORE

AFTER

ANJIN Gion Shirakawa

所在地　京都市東山区唐戸鼻町559-4

アクセス　京都市営地下鉄東西線東山駅より徒歩3分

公式HP　https://www.akisapo.jp/lp/anjin/

公式SNS　https://www.instagram.com/anjinkyoto/

AFTER

京町家を外装・内装ともに改修して、1日1組限定の旅館が誕生。風通しのよい和室で京都の風情を感じられる。

トランクルーム
＋
コインパーキング

空きスペースをコインパーキングに活用して収益性を向上

場所 墨田区向島　**築年数** 35年　**物件所有者** 個人

POINT

初の自社運営コインパーキング「アキサポパーク 向島3丁目」をオープン。空きスペースを有効に活用。

もともとは近所にある**スーパーマーケットの休憩所＋倉庫**として長年活用されていた物件でした。コロナ禍のあおりを受け利用者が退去し、休憩所＋倉庫がそのまま空いたので、何か他の運用法はないかということで所有者から相談を受けました。築30年を超える3階建ての空き倉庫で雨漏りがあったため、そのままでは活用することが難しい状態でした。そこで当社が「アキサポ」によって雨漏り補修をしたうえで、レンタル倉庫会社と共同でトランクルームを運営することになり、トランクの設置費用は私たちが持ち、運営をレンタル倉庫会社にお任せするという形となりました。

倉庫の前に自動車を3台停められるスペースがあったので、収益性を高めるため、土地活用でそこにコインパーキングを設置しました。これまで空き家や土地活用の方法としてコインパーキングを提案する場合は専門業者に運営を委託していましたがお客様のご要望により柔軟に応えるため、事業領域の拡充を目指し、新たに**「アキサポパーク」**というブランド名でコインパーキングの自社運営を始めました。これにより提案の幅が増え従来よりもフレキシブルな対応ができるようになりました。さらに空き家活用事業にとどまらず、他事業のお客様に対してもこのノウハウを活かしたサービス提供が可能になったのでさらなる日本全国の空き家・空き地の課題解決に向けて取り組んでいきます。

アキサポパークとして活用。

BEFORE

スーパーマーケットの休憩所と倉庫として使われていた空間と駐車スペース。

AFTER

室内はトランクを設置してトランクルームに。駐車場はコインパーキングとして活用。

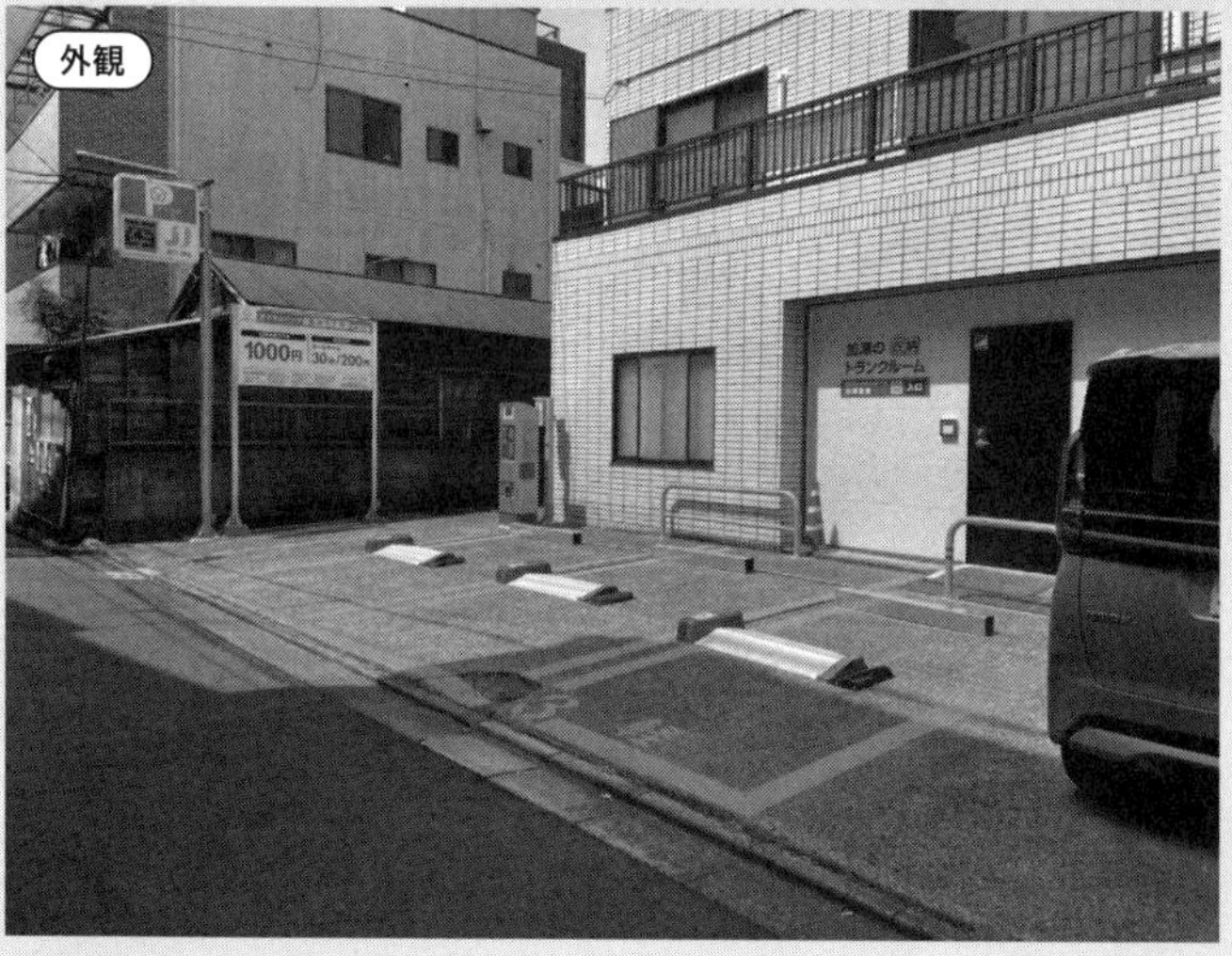

体験型
エンターテイン
メント

大きな店舗を活用してゲーム空間に

場所 新宿区北新宿 **築年数** 31年 **物件所有者** 法人

POINT

企業の保有不動産を利活用した協業事業第二弾。

ここ数年で流行っている体験型エンターテインメントのひとつに「**脱出・謎解きゲーム**」があります。空間にさまざまな謎解きの仕掛けがつくられ、参加者がその謎を解きながら制限時間内に脱出を目指すというものです。北新宿にあるこの建物は、もともと店舗として所有されていました。ところが、結構古くなってきて元の店舗が撤退してしまったので、空いたところを何か他のものに転用できないかと考えていました。ただし**工事費は出せない**ので何とかしてほしいということでした。そこで建物を全部私たちが借り上げて雨漏りの箇所を修繕したうえでこの空間をどう使うのかを検討しました。

最初は、飲食店などの店舗＋シェアハウスが妥当ではないかなどとも考えていたのですが、さまざまなアイデアが出てくるなかで「脱出・謎解きゲーム」を提案してきたイベント会社がありました。「脱出・謎解きゲーム」というだけで所有者に不審がられ、なかなか物件を借りられないなか、アキサポに出会ったとのことでした。結構大きな物件で、1階部分は非常に広く使え、建物が通りに面していて視認性がとても良い場所だったので、「脱出・謎解きゲーム」企画の運営会社に丸ごと貸すことにしたのです。運営会社も都内でこれだけ大きな場所を確保できる建物は少ないので是非ともということでした。

この物件を所有している法人とは、私たちの空き家活用事業「アキサポ」のこれまでの活用実績と、空き家問題の解決をしながらコミュニティ拠点を創出し、地域貢献を目指すというサービス理念に共感してくださり、法人所有の物件を活用した協業事業を実施する運びとなりました。実はこの前に私たちからの活用用途の提案でシェアハウスとフレンチ料理店にリノベーションした新宿区愛住町の物件がありました（2022年7月）。したがって、この法人との協業はこれが2例目の活用物件となりました。

今後も企業が保有する不動産を活用し、地域活性化を目指したコミュニティ拠点の創出を目指していきたいと思います。

BEFORE

店舗として使用していた2階建ての変形ビル。

AFTER

十数室に区切り「脱出・謎解きゲーム」に活用。施設内はテーマに合わせ、それぞれつくり込まれた内装に。

AFTER

店舗

特定空き家に指定される寸前の建物でも何とかなる！

場所 品川区南大井　築年数 不明　物件所有者 個人

POINT

特定空き家に指定されて高い税金を支払うことになる前に、最低限のメンテナンスを行うことが重要。

これはもうボロボロの物件で当然、誰も住んでいませんでした。どのくらいボロボロだったのかというと、**外壁が一部なくなっていて中が見えるくらいの状態**でした。

なぜここまで放置してしまったのかという点は不明ですが、空き家になる建物にはよくあることです。特に使い道もなく放置しているうちに老朽し、どうにも手の施しようがなくなってしまったというケースはたくさんあります。

ただ、ここまで老朽してしまうと、**「特定空き家」に指定されてしまいます**。行政が特定空き家であることを認定すると、住宅用地減税という措置が外されてしまい、固定資産税の優遇措置が受けられなくなります。すると、どうなるのかというと、固定資産税が6倍に跳ね上がるのです。しかも最悪の場合、行政側の強制執行によって解体されることもあります。当然、その解体費用は建物の所有者が負担することになります。

この物件の所有者のところにも、「何も措置を取らなければ特定空き家に指定します」という通知が来ました。それで慌てて相談に来られたというわけです。

実際に物件を見てみると、特定空き家に指定されても仕方がない状態でした。外壁はないし玄関ドアのガラスは壊れているし、そのため建物の中に容易に侵入できる状態です。ゴミも不法投棄されていました。まさに空き家を放置するとこうなるというケースの典型例です。ただ、所有者は売却を考えていないので、ひとまず外壁、建物の傾きなど、壊れている部分を一通り直しました。そして部屋の中については、手を掛けるとコストが高くなってしまう恐れがあったので、床と壁だけを直しました。あとは**入居者が好きなようにDIYできることを前提**にして、スケルトン状態で募集することになりました。

今後、行政が空き家問題に積極的に取り組んでいくことが想定され、多くの放置されている空き家が特定空き家に認定されていくでしょう。そうならないために、最低限のメンテナンスと有益な利活用を検討いただけるよう、私たちは警鐘を鳴らし続けていきます。

BEFORE

外壁が崩れ、一目で空き家であることがわかる。

外壁と建物の傾き、床と壁の改修だけでも見違えるように綺麗になった。スケルトン状態でDIYできる物件として入居者を募集。
周辺地域に同業の店舗がないことなども踏まえ、美容室に生まれ変わった。

AFTER

外観

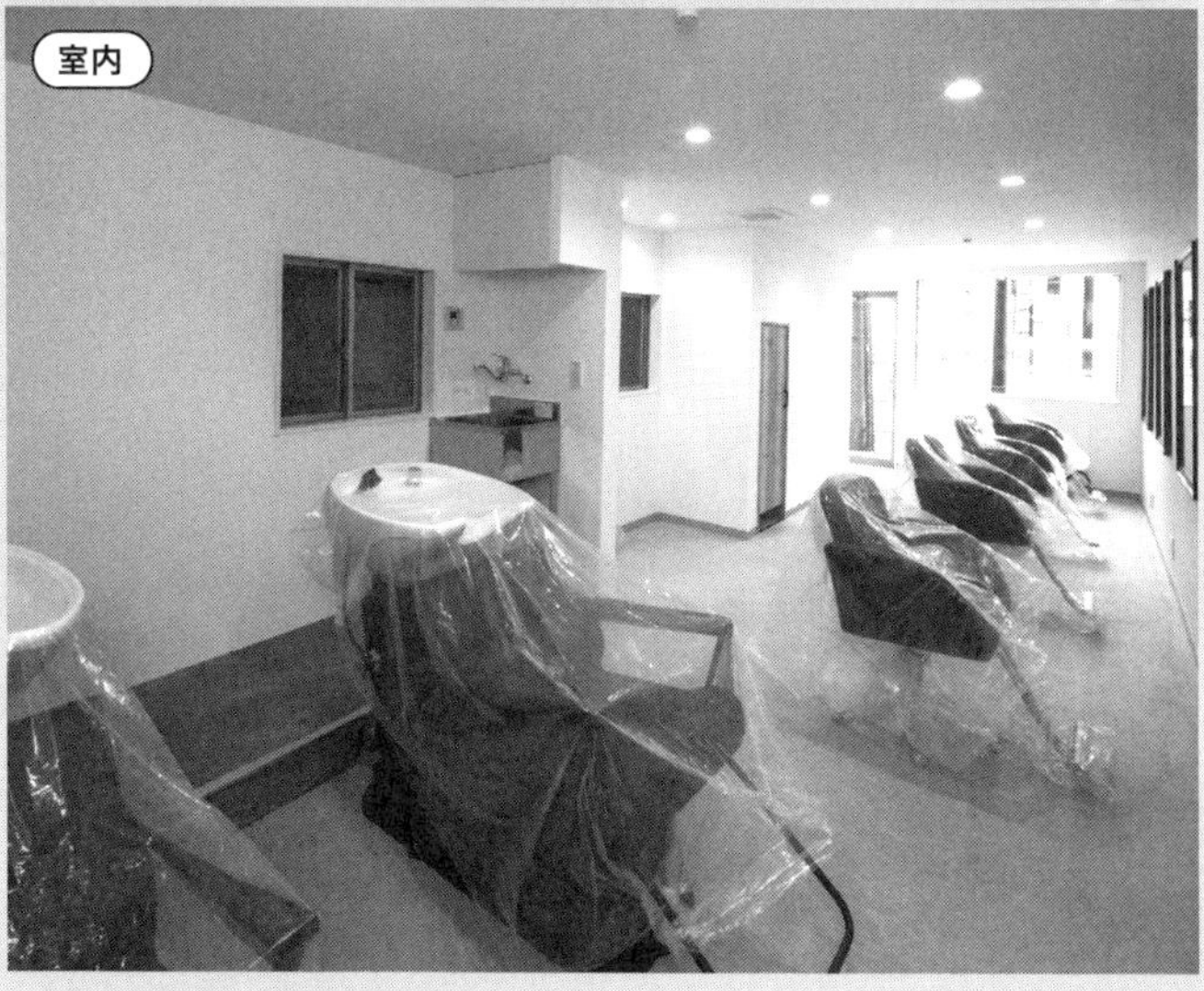

室内

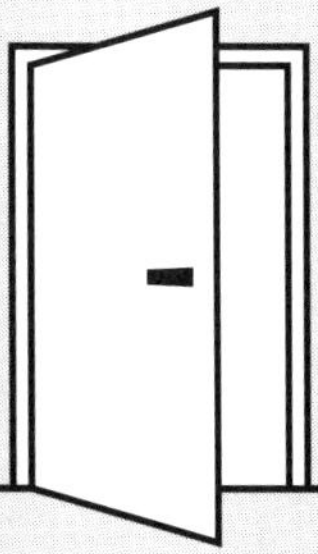

第5章

空き家事業を始めたワケと空き家の未来

最初の仕事は商社マン

ここまで読んでくださり、ありがとうございます。「アキサポ」というサービスをこの書で初めて知ったという方も多いと思いますので、私がなぜ不動産業に興味を持ったのか、そしてどのような経験から空き家という社会問題に対して「アキサポ」というサービスを思いついたのかという経緯をお話しすることで、私の自己紹介に変えさせていただきたいと思います。

大学を卒業して最初に就職したのは、商社です。大手製鉄会社系の商社で貿易関係の仕事をしていました。１９８０年代の後半、日本がまだバブル経済に浮かれていた時代の話です。ガチガチな年功序列の組織で社員の平均年齢は40代半ばくらいでしょうか。当時の大手企業の多くはそうだったと思うのですが、大学出たての新入社員の私に責任のある仕事など任せてくれるはずがありません。毎日が雑用というか、書類を作成する仕事ばかりさせられていました。

ある日、大手不動産会社に勤めている大学時代の友人と話をする機会がありました。不動産会社って何をするのか興味があったので、何となく聞いてみたのです。友人はマンション用地の仕入れを担当していました。

マンションデベロッパーの主な事業は、マンションを建てることができる土地の情報を探してきてその土地を購入して建築確認を取得し、新築マンションを建てて分譲する一連のプロジェクトです。建物の設計は設計事務所が、新築工事は建設会社が、分譲は販売担当が行います。プロジェクトの入り口である土地情報の入手や契約交渉、マンションの企画や近隣住民との交渉などを行うのが、マンションデベロッパーの仕入れ担当の仕事です。

友人の話を聞いていて、とても面白い仕事だなと思いました。上司に相談しながらではありますが、プロジェクト推進を自己判断に任せてくれるところが非常に面白く感じたのです。これに対して当時、私がいた会社は上司の判断がすべてでした。上司から「これをやれ」「あれをやれ」という指示が下りてきて、それを淡々とこなすという感じだったのです。だから若い社員でも判断を任せてくれる不動産業界に強く惹かれました。そして当時はまだ結構珍しかったのですが、新卒入社して間もなく転職を決意したのです。

マンションデベロッパーの世界に

もちろん転職先は不動産業界です。某マンションデベロッパーに就職しました。つまりマンションを建てる仕事です。友人と同様、私もマンション用地の仕入れの仕事からスタートしました。自分でやってみてわかったのですが、この仕事は本当に自分の裁量に任されている部分が大きくて、やりがいがありました。自分でいろいろな地域を歩いて、ここにマンションを建てたらいいだろうなという土地を探して回るのです。

こうして私が仕入れた土地の上に2年くらいのプロジェクト期間を経てマンションが建てられました。確か26歳くらいの頃です。総戸数が100戸くらいある大規模なマンションでした。

初めて自分が手掛けた土地の上にマンションが建ち、そこに大勢の人が入居して夜になるとたくさんの部屋の窓に明かりが灯る。子供たちが近所で遊んでいる。あるいはベランダに洗濯物が干されている。そんな風景を見ているうちに、なんだか本当にいい仕事をしたのだなという充足感に満たされたことを覚えています。

もともとこの土地は、ほとんど使われなくなった倉庫と、地面からは雑草が生え放題になっている1000坪くらいの広さの土地でした。そういう荒地が綺麗に造成され、最新のマンションが建てられて、大勢の人が集まって活況になる。「こんなに面白い仕事は他にない」とまで思いました。一生、不動産の仕事を続けていこうと思った瞬間です。

それからは本当に土日もなく働きました。現地調査といって仕入れ担当が行う周辺地域調査があるのですが、自分の足でいろいろな地域を回り、マンション用地になりそうな土地を調べて回りました。自分のチームも持つようになり、ますますたくさんのマンションの建設に関わるようになりました。このマンションデベロッパ

年間優秀社員賞のラスベガス旅行の時

ーで働いている間、恐らく1都3県で100棟くらいの建設に携わったと思います。

　こうして日本がバブル経済に沸いた1980年代後半から90年代の前半にかけて、首都圏を中心に多くの新築マンションが建てられました。

　自分が見つけた土地で何十年も残るマンションをゼロから造る。やりがいもあり充実した仕事ではありますが、それだけではなく辛いことも多かったです。マンションを建築する前に近隣住民に建築予定マンションの説明会を行うのですが、マンションが近くに建設されることによって工事期間の騒音だけでなく日照の影響で日陰をもたらしてしまうお宅もあり、当然歓迎されるばかりではありません。中には反対運動のようなものが起きたこともありましたし、怒号が飛び交った説明会もありました。

　近隣の方々に建築計画を納得してもらうため、人生で初めて土下座をしたこともありました。その瞬間なぜか涙が出てきまして、見かねた近隣の方が後日「わかった、もういいよ」と言ってくれた時にはうれしいのと同時にどうしようもない虚《むな》しさが残りました。

　素晴らしいマンションを建てて入居者に喜ばれるという大義と、周辺住民にはどれほど迷惑なものなのかという、相反する想いが混在し迷いが生じてきました。

いびつな住宅開発に違和感を覚える

ある日、いつものように自家用車で現地調査していた時、過去に自分が担当したマンションの近くを通る機会がありました。

仕入れの仕事を始めてしばらくの間は、自分が携わったマンションは必ず建物完成後に見に行ったものでしたが、何十件もプロジェクトを経験していくうちに竣工物件を見に行くことすらなくなっていました。近くに来たついでだからと立ち寄ってみると、およそファミリーマンションとしてはかなり環境が悪い立地に建っていました。どういうことかというと、商業地域のど真ん中で周辺は騒音も大きく、さらには目の前に同規模のマンションが建っているためほとんどの住戸部分が日陰になっていたのです。

完成した建物を冷静に見て「なんでこんな場所にマンションを建ててしまったのだろう」と愕然としたことを覚えています。この土地にマンションを建てる企画をつくった張本人なのに、なぜか他人事のようにこのマンションが住空間としてふさわしくないと感じました。周辺の環境からこの立地には商業系ビルやオフィスビルなどが適した場所でした。

急に自分の仕事に自信が持てなくなり、自分の子供に誇れる仕事でもないとまで感じました。

実はこのマンションだけではなく、準工業地域や倉庫街、商業地のど真ん中など、本来であればホテルや商業施設、工場、倉庫が適している場所に建てられているマンションや、甲州街道や環状八号線といった幹線道路沿いに建つ物件でバルコニーが幹線道路側に向いているといったマンションもたくさんありました。バルコニーが幹線道路に向いていると騒音が大きく、粉塵で洗濯物も干せません。

「どうしてこんなところにマンションを建てるのだろう」と思ったものです。よく考えてみると答えはふたつでした。

ひとつ目は、「**それでも売れるから**」です。

たとえば工業地帯で化学薬品を大量に使うような工場の跡地は、土壌が汚染されているリスクがあります。また大きな河川沿いにある土地は、水害リスクが高いのはいうまでもありません。ただ、こういう土地は安く取得できるのです。

周辺エリアの物件よりも低価格帯で売り出せるため、競合物件よりも早く完売できるメリットがあります。そういった類のマンションが、バブルピーク前後の当時、たくさん建てられていました。

ふたつ目の答えは、「**他の発想がないから**」です。

マンションデベロッパーは「マンションを建てる」ことを仕事としているため、自分たちがマンション以外の建物を建てるという認識や発想を持っていないのです。

これは他のデベロッパーも同じで、オフィスビルばかり建てている企業、ホテルばかり建てている企業、戸建てばかり建てている企業、商業施設ばかり建てている企業というように、各々のデベロッパーが特定の分野にばかり経営資源を集中させた結果、自分たちの得意分野を土地に押し付けて開発を進めるということが横行したのです。デベロッパーも営利企業ですから、売上と利益を確保するためには、あらゆる用地を確保して自分の得意とする建物を建て続けなければなりません。

こうなると、周辺環境や街づくりはほとんど考慮されなくなり、時には高層マンションが建っているその前面にもう1棟、高層マンションを建てるといったことも平然と行われるようになりました。自社の利益優先のため、そこに住む人たちの日当たりや眺望などは軽視されるようになっていたのです。

そんなことが都心部の至るところで行われるなか、どんどん街そのものがいびつになっていくような感覚を受けるようになりました。「このままでいいのだろうか」と自分の仕事に疑問を覚えるようになっていた1995年1月17日、阪神・淡路大震災が起こったのです。

阪神・淡路大震災で起業を決断する

阪神・淡路大震災が発生したのは、1995年1月17日の早朝でした。朝のテレビニュースで、神戸市長田区で発生した大規模火災の映像が流れてきたのを鮮明に覚えています。

この震災によって亡くなられた方の死因を後に知りました。地震発生から1時間以内に亡くなられた方の約9割が火災によるものではなく、**建物倒壊による圧死**というものでした。長田区の一部には木造家屋の密集地域があり、築年数の古い建物の多くは、あの震度に耐えられなかったということです。

衝撃的な事実を知ってふと思ったのが「自分たちはデベロッ

震災時の様子（左：灘区、右：六甲町）（神戸市提供）

パーなのに災害時にリスクの高い木造家屋密集地域の開発をやっていないじゃないか」ということでした。

東京都内、たとえば城東エリアや城北エリアの一部にも古くからの木造家屋密集地域があります。木造家屋密集地域には道路の幅が2メートルもない場所が多く、もし火災が発生した時には消防車が入れないという状態のまま放置されています。行政が重い腰を上げるのを待っているのではなく、率先してそのような地域を**災害に強い街に変えていく**ことこそが、デベロッパーの使命ではないかと気づいたのです。

なぜ多くのデベロッパーが木造家屋密集地域をそのまま何もしないでいるのか、それは「手間と時間とコストがかかるから」です。これらの地域を開発するには、何十人あるいは何百人もいる土地所有者の一人一人と話をして納得していただき、1軒ずつ土地を買い上げていく。ある程度の広さの土地にまとまったらそこに大きなマンションを建て、地権者には買い上げた土地との等価交換でマンションの一部屋、もしくは複数の部屋を所有していただく。そこまでたどり着くには、大勢の地権者との間で権利関係を調整しなければなりません。それこそ場所によっては何年も時間をかけなければなりません。大変な手間とコストがかかります。

だから当時のマンションデベロッパーは、私も含めて簡単に取得できるような土地しか買い上げていませんでした。たとえば一法人や一大地主が所有者になっている広大な土地のように、権利関係が複雑でない土地を買っていたのです。それはつまり買ったらすぐに開発できる土地です。

ですが、そのような考えのままではダメだということを阪神・淡路大震災で思い知らされました。たとえば、とあるデベロッパーが率先して木造家屋密集地域の開発を行っていたとしたら、あれだけの被害者を出さずに済んだかもしれないのです。

また、本来の街づくりとは、マンションだけを建てるのではなく、公園をつくる、道路を拡張するといったことも含めて総合的に進める必要があると考えるようになりました。もちろん民間企業ですから、そのうえで利益を生み出せるような工夫も必要になります。

そのような想いを抱きつつ、マンションに適していない土地にマンションを建て続ける仕事に疑問を持つようになったこともありました。そこで、同僚と一緒に自分たちの会社を立ち上げることにしたのです。38歳の時でした。

リーマンショックで最初の起業は失敗

同僚とともに株式会社レアルシエルトを立ち上げたのは、2003年のことでした。同僚が社長、私が専務になって起業し、時代は追い風でした。ちょうどこの頃、不動産業界には「**ミニバブル**」と呼ばれるような状況が起こっていたのです。金融機関の不良債権問題が一段落し、景気が徐々に回復へと向かい始めた時期でもあります。

レアルシエルトの経営も順風満帆で、会社を設立してから5年間で売上200億円、従業員100名程にまで増え今では考えられないような急成長を成し遂げました。経常利益も20億円くらいあって、現預金だけで60億円以上もある、まあまあ大きな会社になったのです。

事業が順調に成長した背景もあり、他の不動産会社などと同様に株式上場するための準備に入ったのですが、2007年から徐々に雲行きが怪しくなり始めました。

まず**米国でサブプライムショック**が起こりました。サブプライムショックとは、米国のサブプライムローンが不良債権化したことによって金融機関の破綻、信用収縮が起きた経済危機です。その流れを受け、２００８年には米国の大手投資銀行であるリーマンブラザーズが経営破綻し、世に言う**リーマンショック**が起こりました。

実は、サブプライムショックの時には、まだ楽観的に考えていました。業績もしっかりしていましたし、何しろ60億円もの現預金を持っていたので、何とかなると思っていたのです。というよりも上場申請の1年前ということもあり、上場実現に向けて無我夢中であったがために引き返すつもりもなく、会社の売上の数字を落とすことができなかったので、土地の仕入れもそれまで通りに続けていました。

いよいよ経営が危なくなってきたのは、リーマンショックからです。２００８年9月にリーマンブラザーズが経営破綻し、そこから事態は深刻なものになっていきました。太平洋を隔てた向こうの出来事だったのに日本の不動産市況にも影響を及ぼすようになってきました。売却予定だった物件の価格がどんどん下がり出したため、すでに上場どころではなくなり、私たちは土地の仕入れを止めるだけでなく、これまで仕入れてきた土地も全部売却しようとしたのです。

でも、この時にはすでにもうタイミングとしては最悪で、不動産価格の下落に歯止めがかからない状態になっていました。20億円で売却しようとして仕入れた物件なのに、10億円でしか売ることができず、その差額は現預金から補填するしかありませんでした。結果、60億円もあった現預金があっという間に20億円程度まで目減りしてしまったのです。

最終的にレアルシエルトは130億円の負債総額を抱えて、民事再生手続きを開始しました。2008年11月の出来事です。

大勢の社員が辞めていきました。当然のことです。それでも私についてきてくれる社員がいましたし、私としても再起をはかるつもりだったので諸々の整理がついた後に新しい会社を立ち上げました。この会社が、今アキサポを展開しているジェクトワンです。

資本金500万円の小さな会社でスタート

ジェクトワンの創業は2009年1月28日でした。資本金500万円の小さな会社です。お金は全然ありません。

そういう状況でのスタートでしたから、自分たちの資金力で不動産を購入して事業化することもできません。そこで競売物件を落札したがっている会社のお手伝いをしようと考えました。競売の状況を調査して、この物件ならこのくらいの金額で落札できるという予想落札価格を試算し、落札できた時には立ち退きも含めてすべて代行します、その代わり手数料をくださいねというようなフィー・ビジネス（手数料仕事）を行い、徐々に資金力を付けていくことにしました。

それでもやはり経営的に資金不足になることがあり、その時は私が多少蓄えていた個人預金の一部を取り崩しては補填ということを繰り返しながら、何とか毎日を凌いでいく日々が続きました。経営資金を工面しているうちにフィー・ビジネスによって細かく蓄積していった資金が、3000万円くらいになりました。会社を設立して1年半くらいが経過してからのことです。

2009年当時はリーマンショック後ということもあり、法人だけでなく個人でも破綻される方が多く、競売に掛けられる分譲マンションが多くみられました。倒産を免れた中堅不動産事業会社の多くは、これらの競売物件をもとにリノベーション事業に注力するようになりました。というよりも、建物を建てる開発事業ができなくなったからです。開発事業には2年、3年という長い時間を必要としますが、サブプライムショックとリーマンショックで不動産事業に対してマイナスイメージが付いてしまい、金融機関は不動産事業者の開発資金に対する融資をほとんど止めてしまったのです。

リノベーション事業というのは具体的には区分所有のマンションを買ってきて部屋の中をリノベーションして販売し、収益を得るという事業です。開発事業に比べて、リノベーションにかかる事業期間は圧倒的に短いこと、必要資金も少額で済むため銀行からの借入が容易にできる点が、不動産会社がリノベーション事業に注力できた理由です。

当社でも競売物件を落札してリノベーション事業に参入することができ始め、当社の売上も2年目から1億円、4億円、10億円と順調に伸ばしていきました。

木造家屋密集地域の開発「街なか再生」事業

阪神・淡路大震災に衝撃を受けた私は、ジェクトワンでも木造家屋密集地域の開発を手掛けたいと考えていました。信じ難いほど多くの人が亡くなった主な原因が建物の倒壊による圧死でしたが、この圧死をもたらした要因のひとつに、**倒壊した建物の多くが1981年以前の旧耐震基準による建物であったこと**が挙げられます。また、木造家屋密集地域で**道路幅の狭いところに建物が建っていたため、倒壊した建物で道路が塞がれ火災から逃げ道を失った**方も大勢いらしたそうです。

そもそも消防車も入れないような場所に多くの旧耐震の木造家屋が密集しているのは危険ではないか。そのように考え、前職から含めると10カ所以上の木造家屋密集地域の開発を行いましたが、このような立地が影響しているのか、**空き家がたくさんある**のに気づきました。

　現行の建築基準法では、前面道路幅員《ふくいん》が2メートル以下の場所に建っている建物は老朽していても再建築ができないのです。つまり、建物を解体しても新しく建てることができない土地のため買い手がなかなか見つからず、所有者としては解体せずそのまま放っておくしかないのです。そのような背景もあり、多くの空き家が木造家屋密集地域に存在していました。

　後ほど詳しくお話ししますが、この木造家屋密集地域の空き家の実情が、数年後に空き家事業を始めるきっかけになった発見のひとつでもありました。

震災時の様子
（東灘区）
（神戸市提供）

多くのデベロッパーの固定観念や単一的な仕入方針に疑問を持ち、阪神・淡路大震災の被害に心を痛めるなかでジェクトワンを立ち上げたからには、競売のお手伝いとリノベーション事業で終わりにするつもりはありませんでした。**私がやりたかったのは木造家屋密集地域の再開発**ですから、どうすれば効率的に、かつ会社が過大なリスクを負うことなく、しかも「地上げ」とは異なる方法でできるのかを考えました。

バブルの頃は地権者の権利関係が複雑に入り組んだ地域を開発する場合は、「地上げ」といって多額の立ち退き料を積み上げたり、それでも立ち退かない場合は、さまざまな嫌がらせをして力任せに立ち退かせたりする不動産事業者が多くいました。当然、そのような行為を当社がするわけにはいきません。大事なことは住んでいる人たちの意見にしっかり耳を傾けることです。地権者の利益やリスクを説明し、売却や等価交換など、さまざまな選択肢を提示するようにしてきました。そのような進め方のなかで考えたのは、一部の地権者との交渉がうまく進まず整形な区画の仕入れができなかったとしても、仕入れられた土地を利用し柔軟な発想で建物を企画し、それを販売して利益が出るような仕入計画です。この事業に私たちは**「街なか再生」という名称をつけ展開**していきました。

アキサポ事業に乗り出す

創業してから7年目の2016年、既存のソリューション事業だけでも安定した売上と利益を出せる経営基盤ができたので、もうひとつ何か新しい事業を展開してみようと思い始めました。

何をするのがいいのか、いろいろ考えているなかで思いついたのが木造家屋密集地域に多数存在していた「**空き家**」でした。ちょうどその少し前、2014年11月に「**空家等対策特別措置法**」が成立し2015年5月から施行され、大きな社会問題として注目されだしていました。これを民間の事業者として取り組む方法はないものだろうか。そう思い立ち、まずは空き家関連にどのようなビジネスモデルがあるのかを一通り調べてみました。

大きくはふたつ、空き家の「**管理**」と「**売却**」でした。

ひとつ目の「空き家の管理」とは、不動産管理会社が定期的に空き家を見に行き、変わったことがないかをチェックしたりサービスの内容によっては室内を換気したり清掃したりします。空き家問題というのはそもそも「空き家が多くて困っている」という社会課題なのに、そのまま何もせず管理だけを請け負うというのはむしろ空き家を増長しているようでおかしいと感じました。

もうひとつの「空き家の売却」についてですが、「空き家セミナー」または「空き家相談会」と銘打っているセミナーに試しに参加してみたところ、売却することを勧めるだけの適当なものばかりだったのです。空き家を所有している方の中には、売りたくないから空き家のままにしている方も多いのです。

どちらのビジネスモデルにしても、空き家問題を根本的に解決したことにはなりません。

では、どうしたら空き家をなくし、かつ所有者にとっても満足できるか。

従来、空き家に対してとる選択肢は3つ、**「管理する」「解体する」「売却する」**とされています。これに加えて特に問題になっているのが「何もしない＝放置」という選択肢で、**空き家問題を解決に導くためには「管理」と「放置」をなくすべき**なのです。

2017年頃

空き家をそのまま売却、もしくは解体して土地を売却することができれば、新しい所有者の住まいや活動拠点に生まれ変わらせることができます。何も施されないまま利益を生まず機会損失している「管理」「放置」の選択肢に対する対策が必要で、売りたくない心情をふまえた新しい選択肢は、空き家の「**活用**」です。

とはいえ、何に活用するかを考えるとか改修工事にお金をかけたりするのも、放置している空き家に対して多くの人は面倒くさがったり金銭負担もかけられません。だったら全部当社が代行できればどうだろうかと考えました。

そうして新しく考えついたビジネスモデルである空き家活用サポート「アキサポ」は、空き家所有者から空き家を一定期間（3〜15年の定期借家）借り上げ、アキサポの費用でその場所に適した用途へリノベーションし賃借人へ貸し出すサービスです。

所有者からしてみれば、使われていなかった空き家がアキサポによって無償で再生され、賃借人に利用されることで賃料収入の一部還元を受けられ、さらには一定期間経過後（定期借家契約終了後）には資産価値そのものが上がった状態で返ってくるのです。

賃借人にとっても、既存建物の趣を活かしたリノベーションによって唯一無二な建物を利用することができ、周辺住民にとっても人が集まる新たな拠点として地域活性化につながります。

このサービスは所有者、賃借人、地域それぞれ三方よしの関係といえます。

アキサポにとっても、リノベーション費用を全額負担しても初期投資を賃借人から賃料を受け取ることで補填していけば長期的な利益につながります。この事業を始めようと思いついた時には、ビジネスモデルとしてまだどこも手掛けておらず成功事例もなかったので、事業として成り立つには5～10年くらいは要するのではないかという思いがありました。当然、知り合いの不動産会社の社長からは「なぜそんな利益が出ない事業をあえてするのか」と言われましたし、当時十数名しかいなかった当社社員でさえもこのアキサポ事業に反対する声が多かったです。

ただ誰に何を言われても、年々拡大していく空き家市場に対して民間の不動産会社が管理と売却を進める以外何も手を打たないという風潮にまったく納得がいきませんでした。

大きな夢を持ち、明確なビジョンを持つことで、必ず新しいビジネスを構築できて空き家問題解決の一助となり得ることを信じてやまなかったところもありました。そもそも将来的に増え続ける空き家問題を解決するのは、不動産会社が空き家をビジネスにすることなくして解決策はないとまで思いました。

空き家問題の解決策は「空き家にさせないこと」

アキサポ事業はただ空き家を活用するだけではなく「空き家を利益あるものにする」ことが目的だったので、「活用」の提案から派生して多様な解決策につながるイメージがありました。

相談をいただく空き家は建物状態によってすべてが活用できるわけではないのですが、活用できなくても私たちの提案をきっかけに売却の意向が芽生えたり、時期をみて売却するために一次的に維持管理したり、または解体して駐車場に転用したり、さまざまなバリエーションの提案が可能です。「空き家の周りには空き家が多い」というのは長年培《つちか》ってきた不動産経験や木造家屋密集地域の実情を目の当たりにしていえることですが、空き家をなくすきっかけをつくることによって木造家屋密集地域全体の開発につながるよう、空き家に対してさまざまな選択肢を提供することが目的でした。空き家所有者からすれば、自分では手間もお金も掛けずに、誰かに任せるだけでその空き家が綺麗になるのが一番です。そのうえで空き家から利益が生まれれば最高ですよね。

もう少し大きな話をすると、日本人の概念や価値観そのものを変えたいという想いがありました。不動産は誰も住まない、活用しない状態が続くと、着実に朽ち果てていきます。誰かが住む、誰かが出入りをすることによって、建物や土地は新しい価値を生み出していくのです。ところが自分が子供の頃、親と一緒に生活していた実家が空き家になったとしても、それを「価値を持たない空き家」と捉えていない人が結構いらっしゃいます。

どういうことかというと、親から引き継いだ大事な遺産であるから、そこにまだ自分が子供だった時の思い出の荷物が残っているから、兄弟の間で「売る」「売らない」の話し合いが決着しないから、あるいは、ひょっとしたらいつか実家に住むかもしれないから、といった事情で、空き家を空き家であると認識せずに放置されている家がたくさんあるのです。それは世の中にとって本当に良いことなのでしょうか。しかも、「空き家」というと世間的には、老朽したボロボロの家というイメージが先行します。にもかかわらず現実には大半の空き家が十分、住むに堪えうるだけのクオリティを維持できています。つまり十分に活用できる建物なのに、それが使われることなく放置されているのです。現状においては十分使える建物でも、このまま放置されている期間が長くなれば、着実に老朽が進んでしまいます。

今、日本中にある住宅をはじめとした建物は戦後80年近い年月をかけて築いてきた、日本の大切なインフラストラクチャー（社会が経済、産業、生活を営む基盤となるもの）です。ところが、そのうち13・6％が空き家になっています。つまり有効活用されないまま放置されているのです。確かに日本の人口がこれから減少していく以上、家が余るのは必然です。しかし、それを放置しておく手はありません。住居としての用途がないならば趣味の場所にするとか、シェアキッチン、シェアオフィス、あるいはカフェなど他の用途に置き換えていけば良いのです。そうすれば、**再びそこに人が集うようになり地域の活性化にもつながっていきます**。

アキサポでは、従来の用途である住宅のまま、住宅用としてリフォームやリノベーションをすることもありますが、住宅は住む人がいなくなれば、それは再び空き家に戻ってしまうことになります。空き家問題で重要なのは「空き家をなくす」ことですので、住宅用の建物を店舗などの非住宅の用途としてリノベーションすることで未来へ継続できる価値をもたらし、将来空き家になる可能性を減らすことができます。

人口が減少していくこれからの日本に、1950年代から60年代のような高度経済成長は期待できません。ですが、既存の財産を有効活用すれば、経済活動が今よりも活性化するのではないかと思いました。

当初は苦労の連続

アキサポを展開するにあたり、最初に取り掛かったのが**空き家探し**です。

空き家活用サポート「アキサポ」と事業スキームを考案したまではよかったのですが、そもそも活用できる空き家がどこにあるかという情報が重要です。大学生のアルバイトを数人雇い、空き家探しを始めました。「とりあえず空き家っぽくて、電気がついてなくて、ガスメーターが止まっている家を探してきてほしい」と。それで住宅地図にプロットした「空き家っぽい家」の登記簿謄本で所有者を調べ、電話番号を調べて電話をかけたり訪問したり。

ところが、電話をかけても怪しまれて即切られ、訪問した時には「空き家じゃないよ！ボロくて悪かったな！」と逆に叱られ……。

まあ、よく考えてみたら、いきなり知らない人から電話がかかってきて「お宅の空き家を活用します」って言われたら怖いですし、不動産会社の名刺持った人がアポなしで訪問してくるのも一般的なイメージとしてよくないですよね。それでは空き家所有者のその対応も納得できます。

それではと思い、空き家活用サービス「アキサポ」のダイレクトメール（DM）を3000通ほど配ってみましたが、問い合わせはゼロ。

何をやっても空き家の情報が獲得できず、空き家の情報を売っているサイトがあったので1件800円で買ってみましたが、それも結局同じように電話を無視されるか怒られます。

これならどうだと、かなりの広告費を使ってラジオCMを配信したのですが、半年間で問い

セミナー風景（2018年エンディング産業展）

合わせはわずか3件。何をやっても空き家の情報がほとんど取れず悩んでいた時、とあるIT会社の空き家ビジネスに関する記事が新聞に載ったところ、それを見た所有者から多くの問い合わせがきたという話を聞きつけました。その新聞記事はそれほど大きくなかったのですが、何十件も問い合わせがあったそうです。そこで、私たちのやり方が間違いだったと気づきました。

「空き家は、物件情報には価値がなく、所有者にこそ価値がある」。

つまり、空き家所有者は他人から押し付けられた話には消極的であるが、知人やメディアが評価した情報なら信用して自発的に動くということです。

そのことに気づいてからは、自分たちから直接所有者に営業したり宣伝したりするのを一切止めました。直接営業からパブリシティ戦略への切り替えです。要は、有利な情報や新しい活動状況などを各メディアに取り上げてもらえるよう働きかけることで、メディアを媒体にした間接的なアプローチ手法です。時間がかかってもいいから空き家活用の実績を作り上げ、それに興味を持ったマスコミ関係者に取材してもらえるよう、一件一件丁寧に事業活動を続けました。

また、各行政には空き家相談窓口が設置されています。この窓口を利用しない手はないと考え、東京都内の区役所にある空き家担当課を回り、アキサポのセミナーの後援をしてくれないかとお願いしました。すると担当の方の反応は「アキサポさんは空き家対策に取り組まれていて非常に素晴らしい。だけど、役所としては一民間企業に対して後援はできない。NPO法人だったらよかったのに」と。

なるほど、**NPO法人なら行政と連携が組める**のか。

そう思い、早速NPO法人をつくる準備を始めました。半年ほどかけて「NPO法人空き家活用プロジェクト」を立ち上げ、NPO法人の名刺で役所にセミナー後援の依頼を持ちかけたところ、快く後援を引き受けていただくことができました。それ以降、何度も行政後援セミナーを開催させていただくことによって、徐々に空き家相談者が増え始め、空き家活用の実績も少しずつ増えていきました。

アキサポをスタートさせてから、初年度の空き家解決実績は1件、2年目で5件、3年目で6件、4年目で11件。4年経ってもなかなか思うように実績が増えず、何度もアキサポ事業をあきらめてしま

NPO法人空き家活用プロジェクトのロゴ

おうかと考えたのですが、空き家の将来を考えるとどうしてもあきらめきれず。最低5年間はアキサポ事業を続けようと思って始めたものの成果が上がらないまま、自分に課したタイムリミットまで残り1年のところでした。

5年目に訪れた転機

アキサポ開始から4年間、多少の活用実績があったので、何度か業界紙やメディアでアキサポの活用事例を紹介していただくことはありましたが、大きい反響につながることはありませんでした。

事業開始5年目になってようやく地道なPR戦略が功を奏し、小さなメディアが発信した情報を大きなメディアが興味を持ち始めました。2020年5月フジテレビ系列の「めざましテレビ」やNHKのニュース番組、テレビ東京系列「ワールドビジネスサテライト」などでアキサポが紹介されるようになり、「テレビを見た」というお問い合わせが少しずつ寄せられるようになってきました。

アキサポも日の目を浴びるようになってきた、さぁこれからだ、と思っていた矢先のことです。たまたま、とある業界紙を目にしたTBS系列「**がっちりマンデー!!**」（毎週日曜朝放送）企画担当の方から取材依頼がきました。もちろん快諾し取材を受け、2021年7月にアキサポの空き家活用が放送されました。そのオンエアの反響はなんと、私たちの予想を遥かに超えるものでした。

全国の空き家所有者から非常に多くのお問い合わせをいただき、それからも日本テレビ系列朝の情報番組「スッキリ」や夕方の報道番組「news every.」、NHK BSプレミアムの「新日本風土記」などいくつかのTV番組で紹介されるようになりました。「がっちりマンデー!!」放映を機にアキサポの問い合わせ数が激増し、一気に認知度が上がった転機でした。

この転機を迎え、アキサポ事業を始める時には

社員一同（2021年7月誕生日祝いで）

「儲からない、手間がかかる」と反対しながらも、それでも私についてきてくれた社員に感謝の気持ちがあふれました。

事業開始当初、所有者のお宅を営業訪問しては冷たくあしらわれ、涙を流しながら空き家情報を集めてくれた社員や、規格もルールもないところからのスタートで、所有者と街並みに良いものを作り出したいと社員同士知恵を出し合って活用サービスの基盤を作り上げてくれた社員たちのおかげで、今や当社の社員が一丸となってアキサポ事業を盛り上げています。

5年目の事業継続決断期には空き家解決件数は52件を達成、それ以降も継続的にお問い合わせをいただけるようになっています。

あえて言いましょう、空き家バカ

私の尊敬する方で時々、セミナーなどでもご一緒させてもらっている、セゾン投信の中野晴啓《はるひろ》会長が以前、『預金バカ』（講談社＋α新書）という本を出されました。銀行預金にお金を預けていても、超低金利でほとんど利息が得られない状況下、なぜか多くの日本人が預金にお金を置いておく現状を憂え、有効な資産形成の道筋を提案し、それがゆくゆくは日本経済の活性化につながるということを書かれている良書です。

実は私はこの本を書くにあたって、『空き家バカ』というタイトルを考えていました。それは、中野会長が『預金バカ』で、ほとんど利息が付かない預金に多くのお金を放置したままにしている現状を憂えたのと同じで、なぜ日本人は空き家を放置したままにしておくのかという点を私も憂えているからです。

今、「貯蓄から資産形成へ」ということが頻繁に言われています。日本人の個人金融資産は、2022年9月時点で2005兆円あります。このうち54・8％の1100兆円が現預金です。現在、定期預金の利率は、預入期間の長短、預入金額の多寡に関係なく、年0・002％しかありません。現金はもちろんまったく利子がつきません。つまり日本の個人が持っている金融資産の過半は、まったく収益を生まないものに預けられたままになっているのです。

これに対して米国はどうかというと、個人金融資産に占める現預金比率はたったの13％です。欧州はもう少し高いのですが、それでも34％です。最近はインフレの影響でやや株価が下げているものの、特に米国では個人が株式や投資信託をたくさん保有しているため、この10年で見ても、日本人に比べてはるかに速いペースで個人金融資産が増えました。

もし日本人の個人金融資産で54・8％も占めている現預金のうち10％でも株式や投資信託にシフトしたら、それだけで日本の株価は物凄い勢いで上昇するでしょう。結果、日本の景気は資産効果によって一気に活性化すると思います。


空き家にも同じことがいえます。

空き家は何も生み出しません。もちろん空き家の所有者も、何の経済的メリットも享受できないことになります。でも、この空き家が形を変えてまったく別の使い方をされるとか、更地にして駐車場にするとか、とにかく何でも良いのでちょっとだけ工夫をすれば、**確実に経済的**

2021年、セゾン投信の中野晴啓会長（右）と対談

な付加価値を生み出します。

日本の空き家率は13・6％もあります。海外に目を向けると、イギリスのそれは2・6％で、ドイツでは1％程度に過ぎません。日本の空き家を有効活用することで、空き家率をイギリスやドイツ並みにまで下げることができたら、そこから生み出される経済的な付加価値によって、日本経済は今よりも、もっと活性化されるはずです。そのためにも私たちは、これからアキサポを日本全国に広げていこうと考えています。

アキサポの未来　空き家の未来

日本の空き家の数は約850万戸です。その莫大な分母から考えると、まだ私たちがこれまで活

2019年1月、会社創立10周年の講演

用などにより空き家をなくした件数はほんのごくわずかにすぎません。

私たちに相談をいただく空き家情報をこれから年間3000件、5000件というように増やしていくのと同時に、解決する空き家の件数も、飛躍的に増やしていければと考えています。

それは十分に可能です。前述したように、空き家ビジネスに本格的に取り組み、いくつかの成功事例を持つ私たちでさえ、持っている空き家情報は日本全国にある空き家に対してほんのわずか、1%にもまったく届かないのです。

しかも、これからさらに空き家の件数は増えていくでしょう。空き家のマーケット規

社員の活動の様子（上：周辺地域でのヒアリング、下：現地調査）

模は現在、9兆円程度と言われていますが、2033年には倍近くに増えると考えています。これだけのマーケット規模を持っている空き家を上手に利活用すれば、間違いなく日本経済は活性化するでしょう。

そのためにも、空き家利活用の企画面、品質面の両方で、「空き家ならアキサポ」というブランドイメージを強めていきたいと思います。

空き家のコタエは「託す」こと

アキサポは、空き家を有効活用することによってその資産価値向上を実現する、これまでなかった、まったく新しい資産の利活用方法です。親から相続した実家に住むことはないだろうと何となくでも思っているのであれば、是非一度、私たちに相談してみてください。私たちがリサーチをした結果、十分に利活用できる可能性があるとなったら、皆さんに経済的な負担を負わせることなくその空き家を魅力的な物件につくり変えて差し上げます。

あとは一定期間、私たちの管理によってつくり変えた新しい建物を運営し、そこから定期的に、皆さんに家賃収入の一部をお支払いします。そして、契約時に取り決めた期間が経過したら、その物件は再び皆さんのお手元にお返しします。

建物の状態によって利活用が難しい物件も、あきらめないでください。私たちは所有者に寄り添い、所有者の一番のメリットと成り得る解決案を提案します。

「空き家は信じて託す時代」。

それが**空き家のコタエ**なのです。

このしくみを用いて、私たちはこの日本の空き家問題の解決の一助となり、日本経済の活性化に寄与していきたいと思います。

空き家事業を拡大していく不動産業界のイノベーションが、これまでの空き家に対する価値観を変える。それによって眠っていた空き家という資産が動き出し、街を変え、人を呼ぶ。空き家問題が終焉し、日本の不動産市場の考え方も開発から再生へ大きく変わっていくでしょう。

【著者】
大河幹男（おおかわ・みきお）
株式会社ジェクトワン 代表取締役
三重県出身。成城大学卒業後、大手製鉄会社系商社から大手デベロッパーを経て、2003年に創業した株式会社レアルシエルトの専務取締役に就任。創業から5年間で飛躍的な業績を遂げたが、リーマンショックの煽りを受け民事再生申請することに。その後再起を図り、09年に株式会社ジェクトワンを設立。
世の中に真に望まれる不動産事業に取り組むために、単一ではなくマルチカテゴリーの不動産事業を展開。16年より、従来の空き家事業とは一線を画した社会問題解決型の空き家活用サービス「アキサポ」をスタート。売却・解体とは異なる第3の選択肢として「活用」を提案し、手放さずに収益化させる三方よしの空き家活用サービスを展開。事業開始以来、TBS系列「がっちりマンデー!!」やテレビ東京系列「ワールドビジネスサテライト」など数多くのＴＶ番組で紹介され、のべ約200件もの空き家を解決に導く。

株式会社ジェクトワン　https://jectone.jp/　TEL 03-6427-9830

空き家のコタエ　**資産を活かす新しい投資術**

2023年５月16日　第１刷発行

著　者　大河幹男
発行者　唐津　隆
発行所　株式会社ビジネス社
〒162－0805　東京都新宿区矢来町114番地　神楽坂高橋ビル5Ｆ
電話　03－5227－1602　FAX 03－5227－1603
URL　https://www.business-sha.co.jp/

〈カバーデザイン〉中村　聡
〈本文DTP〉茂呂田剛（エムアンドケイ）
〈編集協力〉鈴木雅光
〈印刷・製本〉モリモト印刷株式会社
〈編集担当〉近藤　碧　〈営業担当〉山口健志

ISBN978-4-8284-2509-2